EL MITO
DE LA FAMILIA PERFECTA

ISRAEL BELO DE AZEVEDO

hagnos

© 2010 por Israel Belo de Azevedo, publicado originalmente por la Editora Hagnos Ltda, São Paulo, Brasil con el título *O mito da família perfeita*.

© 2016 por Israel Belo de Azevedo para español

Revisión
Mauricio A. Martinez Pinto

Portada
Adaptación Hagnos

Diagramación
Felipe Marques

1ª edición – Septiembre de 2016

Editor
Juan Carlos Martinez

Coordinador de producción
Mauro W. Terrengui

Impresión y acabado
Imprensa da Fé

Todos los derechos reservados para:
Editorial Hagnos Corp.
2227 W Hillsboro Blvd
Suite A
Deerfield, Beach, FL 33442
e-mail: editorial@editorialhagnos.com
www.editorialhagnos.com

Catalogación en la Publicación (CIP)
Angélica Ilacqua CRB-8/7057

Azevedo, Israel Belo de
 El mito de la família perfecta / Israel Belo de Azevedo – Deerfield, USA, Hagnos Corp, 2016.

ISBN 978-85-7742-190-9
Título original: O mito da família perfeita

1. Familias – aspectos religiosos 2. Familias – aspectos psicológicos 3. Meditaciones I. Título.

16-0245 CDD 248.4

Las puntuaciones de catálogo sistemático:
 1. Familias – aspectos religiosos

"Cuando yo me casé contigo, yo pensé que sería para siempre".

"Yo también lo pensé, pero se acabó".

"¿Cómo se acabó si era para siempre?

"Terminó".

"Yo no sé a dónde quieres llegar".

"Pero tú nunca me preguntaste".

"¿Puedes quedarte con los niños hoy?"

"Dile a tu madre que yo solo hago lo que el juez determinó".

"¿Quién es aquella mujer, que estaba aquí contigo?"

"Es mi esposa".

"¿Hace cuantos años estas casado?"

"Hace 20 años"

"¿Con la misma mujer?

Contenido

Prólogo en forma de manifiesto   9
    Para que este país vaya bien   9

Parte 1
La familia y su debilidad

1. El mito de la familia perfecta   15
2. Valores cambiados   19
       Los enemigos   19
          Enemigo 1   20
          Enemigo 2   20
          Enemigo 3   21
       "Dioses"   21
          "Dios" 1   21
          "Dios" 2   22
          "Dios" 3   23
3. Padres que dividen   25
4. Prioridades invertidas   29
       Los hijos de David   29
       Los errores de David   30

5. Una parábola de nosotros mismos — 39
    Una madre ausente — 39
    Un padre benévolo — 40
    Un hijo interesado — 41
    Un hijo arrepentido — 42
    Un padre comprensivo — 43
    Un hermano celoso — 43
    Lo que Dios unió... — 47

Parte 2
La familia y su fuerza

6. Una obra prima — 53
    El proyecto de Dios — 53
    Los símbolos permanentes de la creación — 55

7. El placer y la responsabilidad — 59
    Los ideales en la licuadora — 60
    Antiguo, pero sin olor a naftalina — 61

8. Los cuatro pilares de la vida en familia — 67

9. El espacio de la inteligencia emocional — 81
    Un lugar privilegiado — 82
    La sabiduría en dejarse corregir — 83
       Aceptando la disciplina (v.1,2,8) — 83
       Como una ropa (v.3,4) — 84
       El verdadero eje (v.5-7) — 85
       La disciplina de contribuir (v.9,10) — 85
       El amor en la corrección (v.11,12) — 86
    La sabiduría de convivir – Proverbios 3:13-35 — 86

10. La vida como encuentro — 89
    Tiempo de hablar — 90
    Principios para la comunicación en la familia — 90

11. Los deberes de cada uno — 93
    Las mujeres – Efesios 5:22-24 — 93
    Los maridos – Efesios 5:25-33 — 95

	Los padres	95
	Los hijos – Efesios 6:6	96
12.	**Celebrando la vida en familia**	**99**
	La familia tiene que adorar unida	100
	Culto doméstico: ¿utopía o posibilidad?	102
	En la casa del adolescente Jesús	103
	Como debe ser	104
	La familia necesita alegrarse en las victorias	105
	La familia necesita buscar su desarrollo	106
	La familia no debe desanimarse delante de los problemas	108
13.	**Aprendiendo con una bella familia**	**113**
	Para cambiar	117
14.	**Comenzando de nuevo**	**119**
	La validez de un compromiso	119
	Comenzar de nuevo	122
15.	**Un lugar para la felicidad**	**125**
	El mapa para el camino	126
	Colocando a Dios en el centro	128

Epílogo en forma de monólogo — 131

Diez autores que valen la pena — 137

Prólogo en forma de manifiesto

Para que este país vaya bien
CALLAR DELANTE DEL ERROR ES CONTRIBUIR A SU AVANCE.

La banalización de las relaciones sexuales pre y extramatrimoniales y la espectacularización de las llamadas "producciones independientes" (madres in vitro) sin duda contribuyen junto con el contexto individualista, hedonista y relativista de nuestra cultura, a que el comportamiento una vez considerado promiscuo e infiel se vuelva socialmente aceptable, no importando el elevado precio que nos cuesta.

En nombre del placer a cualquier costo, son olvidados hasta los dramas individuales, transformados en números capaces de aterrar las consciencias ciudadanas, como por ejemplo, los que muestran que cada año 35 mil niñas con menos de 14 años se convierten en madres y que de cada cuatro partos uno es protagonizado por una adolescente o que por cada 6 abortos realizados en Brasil uno es realizado a una adolescente.

¿Debemos considerar esto normal?

El mito de la familia perfecta

No, no debemos. Debemos, como cristianos, repetir que la familia hace parte del propósito divino para la felicidad de los individuos y de la sociedad y que quién quiera ser feliz debe buscar vivir según los principios que el Señor de la historia hizo registrar en la Sagrada Biblia.

Debemos insistir en la afirmación de que la familia tiene su fundamento en el matrimonio monógamo pero hecho para durar toda la vida.

Su propósito es proveer la satisfacción de las necesidades humanas de comunicación, educación, compañerismo, seguridad y preservación de la especie. Este propósito original fue desfigurado, cuando el hombre escogió libremente alejarse de Dios y de sus principios. Los resultados no son visibles a diario. Pero no debemos acomodarnos delante de ellos. Antes, debemos buscar cumplir el propósito de Dios para los casados y sus hijos.

Por esto, nuestras iglesias deben exhortar a las familias a hacer todo lo que legalmente sea posible para evitar su propia desintegración.

Entre sus cuidados están:

- Un crítica profunda, que les permita ver la fallas en la consecución de los propósitos establecidos por Dios para las familias en todas las épocas y lugares;
- Una aguda conciencia crítica, capaz de convertirlos en mejores ciudadanos y a consumir menos valores equivocados, a veces verdaderas porquerías que atrapan las mentes, como por ejemplo, la falsa noción del infelizmente clásico slogan de "es prohibido prohibir";
- Un sólido compromiso con el cambio, si existe esta necesidad en su interior, podría visualizar un nuevo comienzo con motivos válidos sobre los cuales vale la pena invertir, con información, educación, diálogo y coherencia, contenidos capaces con referencias claras e instrucciones seguras;

Prólogo en forma de manifiesto

- Una disposición valiente para buscar ayuda en la superación de dificultades familiares, aunque esto cueste un alto precio de humildad.

Nuestras iglesias también deben exhortar a los propietarios y profesionales de los medios de comunicación a tener una postura menos banal. Es propio de quienes trabajan en ellos pensar que sus esfuerzos influencian poco el comportamiento de las personas ya que solo retratan la realidad. Se trata de una visión corporativa, que defiende la libertad apenas para un extremo de la producción. Del lado de la recepción, no faltan aquellos que, equivocadamente, proponen la censura. Brasil ya vio que ésta, además de atentar ferozmente en contra de los derechos fundamentales del ser humano, no funciona. Fue en la época de la censura más celosa, por ejemplo, que se produjeron las llamadas pornochanchadas "porno comedia", puerta por la cual el homosexualismo fue banalizado y "aceptado" en el país.

Necesitamos, por lo tanto, responsabilidad por parte de los medios, incluyendo a los dueños y productores. Esa responsabilidad vendrá cuando los tele-espectadores dejen de ser pasivos, para asumir los papeles propios de personas educadas que no renuncian a lo que les es esencial: la conciencia crítica. Estamos lejos, infelizmente, de esta percepción, razón por la cual, por ejemplo, no llegamos aún a boicotear con eficiencia ningún programa de televisión o producto, que juzguemos irrespetuoso a los valores en los cuales creemos. Cuando mucho, protestamos en silencio, gesto inútil delante de la retórica elocuente del mal.

Es una actitud responsable, por ejemplo abrir espacio, sin ridiculizarlos, para que aquellos que defienden la familia y proclaman los valores de la monogamia heterosexual, de la castidad y de la fidelidad conyugal.

De igual modo, nuestras iglesias deben exhortar a los gobernantes a no abdicar de su función educativa, pero no solo por los eventuales prejuicios que las prácticas contrarias a la preservación de la familia provocan en el sistema de seguridad social.

Le corresponde al gobierno la valentía de respetar las libertades individuales, proveer a la sociedad ideas y programas capaces de hacer a las personas más sanas y saludables.

En cuanto a nosotros, busquemos vivir según los patrones que proclamamos, sin desistir, aunque a veces nos sintamos asaltados por la sensación de estar marchando en contra de la corriente. Al final, solo cambiará el mundo que no se conforme con los valores de su tiempo, aunque seamos estúpidamente unánimes.

Prosigamos pidiendo a Dios por nuestras propias familias y continuemos disponiéndonos a vivir conforme a los propósitos que Él tiene para nosotros.

Ninguno de nosotros logra tener la familia que le gustaría. Por mejor que sea nuestra familia, nos gustaría que fuera aún mejor.

Quiero desafiar a los que están satisfechos con su familia a no quedarse satisfechos y quiero desafiar a los que están insatisfechos a no desistir de ella.

Parte 1

La familia y su debilidad

1
El mito de la familia perfecta

MI FAMILIA ES ASÍ PORQUÉ YO SOY ASÍ.

Miente aquel que dice que es fácil vivir en familia. Miente el que dice que se puede vivir sin familia. Nadie escoge la familia de la que hace parte. El hijo no escoge el padre que va a tener. El hermano no escoge a su hermano. Son todos de una misma familia, pero nadie pidió estar allí. Es por esto que el sabio de la Biblia admite que puede haber amigos más cercanos que hermanos. Esto, no obstante, no es lo ideal.

En una familia, las personas son diferentes. Un padre cría a sus hijos de modo aparentemente igual, pero ellos son diferentes unos de los otros. Un hermano que tiene otros hermanos tiene que relacionarse de diferentes formas con ellos. Cada persona tiene sus preferencias. A unos les gusta la matemática y a otros les gusta la música. Cada uno tiene su temperamento. Unos son callados y otros son extrovertidos. Esas diferencias deben ser respetadas y hasta igualmente valorizadas. Son ellas las que convierten a la familia en el lugar ideal para el desarrollo de las personas.

El mito de la familia perfecta

En una familia todos están creciendo. Los padres crecen como personas, como esposos y como padres. Así debe ser. Los hijos crecen como personas, como hijos y como hermanos. Qué bueno. Por esto, ocurren las crisis. Solo pasan por crisis aquellos que están creciendo y quien está creciendo está viviendo realmente.

Los otros están tan solo haciendo como si vivieran... Necesitamos mirar las crisis como oportunidades de crecimiento. No solo debemos verlas como si fueran a acabar un día. Ellas solo pasaran si nosotros crecemos. Si nos quedamos parados, podemos hundirnos en ellas.

En la familia no hay máscaras. La raíz de las tensiones familiares es precisamente en que dentro de ella nadie usa maquillaje. En ella no nos colocamos la mejor ropa. Nosotros somos lo que somos. Y como todos son lo que son, los choques ocurren. Hay choques, pero hay verdad. En otros ambientes, por culpa de las convenciones sociales, hay menos choques y también menos verdad. Esto no quiere decir que podemos mantener la mala cara todo el día... Nuestro derecho de permanecer con mala cara tiene límites. La madurez no es una cosa fácil. Tal como en la vida cristiana. Oímos con placer que Jesús es manso y humilde. Pero cuando el Señor nos pide que llevemos su cruz, ponemos mala cara, como Pedro, decimos que no lo conocemos.

Cuando el Maestro dijo algunas cosas duras sobre el matrimonio (Mt 19:1-12), los discípulos reclamaron que él estaba siendo demasiado radical. Su respuesta fue: *El que sea capaz de recibir esto, que lo reciba.* (Mt 19:12).

Vivir en familia no es para esposos que se separan al llegar los obstáculos en la relación. No es para padres que no saben amar a sus hijos. No es para hijos que no tienen placer en respetar a sus padres.

El patrón bíblico para la vida en familia es realmente muy elevado, pero el que lo sigue será feliz. La familia que busque éste patrón solo será separada por la muerte.

El mito de la familia perfecta

No existe familia perfecta.

Éste es un mito que debe ser derrumbado. Es como el jardín del vecino, cuyos pastos parecen siempre más verdes que el nuestro.

Es como el plato en la mesa del vecino, cuya comida parece siempre más sabrosa que la nuestra.

A veces, los hijos miran a ciertos padres de sus compañeros y dicen: - ¡Ah, si yo tuviera un papá como ese! A veces, los padres miran otros hijos tan bien portados, tan aplicados, y suspiran: - Ah, si yo tuviera hijos como estos. A veces una esposa mira a otro hombre y reclama: - ¿Por qué no tengo un marido como ese? A veces, un marido mira a otra mujer y se lamenta: - ¿Por qué no tengo una esposa como esta, tan dedicada, tan atenta, tan amorosa? No importan las familias de los otros, que conocemos superficialmente, pero sí la nuestras, que conocemos a profundidad.

Nuestros problemas, a veces, dentro de la familia se deben al hecho de que toda hora es la hora de la verdad. Es el lugar en que realmente crecemos porque allí nosotros somos lo que somos. Nuestras familias no son perfectas, pero son nuestras familias. De hecho, cuando convivimos con una familia, hasta con aquella que juzgamos perfecta, vemos que en ella hay imperfecciones. Las imperfecciones son parte de la naturaleza humana. Así como no hay personas perfectas, no hay familias perfectas.

No fue el mundo moderno el que inventó los conflictos en la familia. Ocho siglos antes de Cristo, por ejemplo, el poeta Hesíodo lamentaba que sus hijos no respetaran a sus padres...

Problemas familiares - nosotros sabemos - existen desde que las familias se construyeron. La misma Biblia está repleta de situaciones reales que nos muestran problemas reales de familias reales. Algunas relatan situaciones de convivencia más trágicas que la que cuentan las novelas.

Ya en la primera familia, Adán y Eva se desentendieron de su pecado de desobediencia en contra de Dios. Abraham, el padre de la fe, para las exigencias de su esposa Sara, expulsó de casa a una de sus esposas y lanzó a su hijo Ismael a la muerte en el desierto.

Isaac, el hijo de la promesa de Dios, no logró ser respetado en su vejez y fue engañado, con el apoyo de su esposa Rebeca, por uno de sus hijos que terminó amenazado de muerte por su propio hermano engañado y tuvo que huir.

Jacob, el fundador de una nación que sería una bendición de Dios para el mundo entero, tuvo hijos capaces de unirse para vender como esclavo a uno de sus hermanos, informar al padre que había muerto y después, llorar en familia ríos de lágrimas.

Moisés y Siporá guardaron silencio en frente de la educación de su hijo, que fue víctima de violencia física resultado de su desinterés.

Aarón, el portavoz, el ejecutivo de Moisés, tuvo que pasarse en seco la muerte de dos de sus hijos, ambos sacerdotes que trajeron a la presencia de Dios un fuego extraño.

Al respecto de tales ejemplos, como podrían multiplicar nuestras experiencias personales, si aún cultivamos la idea de una familia perfecta.

2
Valores cambiados

VIVIR EN FAMILIA ES COMO DORMIR CON EL ENEMIGO.

Los verdaderos enemigos de la familia no son la televisión, con sus espectáculos y valores, ni el estilo de vida contemporáneo, que nos empuja al individualismo y al consumismo. Los verdaderos enemigos de la familia están dentro de la propia familia.

Como el título de la película, vivir en familia es como dormir con el enemigo.

Tendemos a la auto-victimización, en el plano personal y en el plano familiar. En lo personal, nosotros siempre nos creemos víctimas de algo, sea de la falta de solidaridad o la falta de interés en nuestras vidas por parte de otros. En el plano familiar, justificamos que nuestra familia no va bien porque las presiones externas son demasiado fuertes...

Los enemigos

Sin embargo, nuestros peores enemigos somos nosotros mismos, con nuestros pensamientos y gestos. De igual modo, los peores enemigos de la familia son pensamientos y gestos cuyos autores están en la propia familia. Esto no quiere decir que no debamos considerar los enemigos externos, que no son pocos. Antes, queremos recordar que, como son externos, ellos están en segundo lugar.

Enemigo 1
Supremacía del principio del placer sobre el principio del deber
El principio del placer es propio de los pequeños. Es pequeña la familia (o los miembros de la familia que...) está esclavizada al principio del placer (en que todo mundo quiere solo las cosas buenas de las relaciones, como el marido ser despertado cariñosamente por su esposa, como el hijo ser despertado con el desayuno en la cama, como el padre al cual su hijo le quita los zapatos de sus pies...). Grande es la familia que sabe que el deber es esencial para la convivencia y para la sobrevivencia (en la división del trabajo, en la obediencia, en el cuidado con el otro, no oír música a un volumen individual ni tampoco en un volumen colectivo, etc...).

Vivir solo sobre el principio del deber es algo falso, obsesivo y opresivo. Tarde o temprano la familia va a explotar. Los principios del placer y del deber deben estar en sintonía.

Enemigo 2
Confusión entre los valores que son de abajo con los valores que son de lo alto
De tanto convivir con los valores de este mundo acabamos confundiéndolos con los de Dios, como en la frase "la voz del pueblo es la voz de Dios". Pasamos a creer que todo es normal, hasta los desvíos (como los comportamientos que la Biblia tacha de inmorales). Pasamos a creer que todo es natural, hasta los absurdos (como un estilo de vida consumista, dictado por los modismos).

Como somos de este mundo, vivimos según sus valores. Aun así, no podemos olvidar los valores de lo alto (Col 3:1), que son más altos que los de este mundo. Aquí está el problema central de nuestras familias. El apóstol Pablo aplica también estos valores al plano familiar. Los valores de éste mundo no deben habitar en nuestras familias.

Enemigo 3
Predominio de la emoción sobre la razón
El predominio de la emoción sobre la razón hace de la familia un antecedente del infierno. Con él, vienen por ejemplo, el predominio del cuerpo sobre el espíritu.

Vida familiar saludable es aquella que considera las dos dimensiones de la vida. Debemos indignarnos uno con el otro, pero debemos tener la misma prisa para pedir perdón al otro.

"Dioses"

Los pueblos antiguos tenían dioses de sus familias. Nuestras familias no siguen a dioses particulares, pero tienden a seguir ciertos valores que se contraponen a los valores de Dios.

Aún hoy existen muchos dioses para gobernarnos. Es común decir que la idolatría no se aplica tan solo a otras confesiones religiosas. Todavía, cada uno de nosotros tiende a ser idolatra.

Cuando Dios se presentó a Moisés para que él lo presentara al pueblo, Dios solo se nombró como el gran "YO SOY". Dios no quería ser identificado como ningún diosito. Es por eso que Josué recuerda a los suyos que ellos tenían un Dios grande y que no necesitaban seguir a ningún otro. Ciertamente ninguna de nuestras familias sigue a un diosito en ese sentido, pero a veces nos dejamos llevar por algunos valores que se colocan en el mismo lugar de Dios, dioses contemporáneos que no tienen estatua, ni imagen, ni esfinge, pero delante de los cuales nos postramos a veces, en el seno de la familia.

"Dios" 1
La prosperidad
Cuando nacen los hijos, sus padres comienzan a preocuparse con el futuro profesional de ellos. Dejan que ellos escojan sus

profesiones, pero quieren que sean "buenas" profesiones (esto quiere decir que sean bien remuneradas, etc...)

En resumen, los padres quieren que sus hijos tengan más dinero que ellos, más éxito que ellos, como si la felicidad estuviera en ello. Los padres acaban proyectando toda la vida de sus hijos en función de este tipo de ideal.

Cuando otras personas preguntan por ellos, las respuestas muestran información sobre lo que estudian o estudiarán, que profesión tienen, como han tenido éxito, etc.

Es claro que los valores están invertidos. La familia no vive en función de valores, que son la dimensión espiritual de la vida, sino en función de resultados. Les importa poco el presente, les importa el futuro. La privación innecesaria en el presente (vivir economizando como un estilo de vida y no por necesidad) es justificada por lo que puede venir en el futuro, como si todos fueran a vivir 130 años. Los padres llegan a estar enfermos y a enfermar a sus hijos por culpa del futuro. De este modo, es una realidad que muchos niños, adolescentes y jóvenes por la vida entera o buena parte de ella se preparan para el futuro. Esto es un equívoco. Veinte años son para vivir intensamente, no solo como una preparación.

El dios de la prosperidad nos hace desear que nuestros hijos tengan más dinero o éxito de lo que nosotros tuvimos. Hay personas que se privan en el presente para acumular en el futuro que no saben si vendrá. Hay muchos padres, que, en nombre del dios de la prosperidad, perjudican la vida presente de sí mismos y de sus hijos. Que venga el futuro, pero que vivamos ahora el presente.

"Dios" 2
El individuo
Otra divinidad es el individualismo atrofiado, el cual hace que haya una falta de proyectos familiares. Es un "cada uno por sí mismo" que mata en el comienzo la propia idea de la familia.

Al final, es necesario respetar la individualidad del otro, de modo que el compañerismo se convierta en apenas una foto en la pared...

Este dios ha matado las familias. Es el dios de cada uno por sí mismo. La familia no tiene ningún proyecto colectivo. Cada uno tiene su proyecto y cada uno pasa por encima de su hermano, de su padre, de su tío, de su madre, si aquello fuera a estorbar su propio proyecto. Por lo tanto, ésta enfermedad del individualismo penetró en nuestras familias.

Nuestra cultura es así, la cultura de cada uno por sí mismo. Esa cultura es el comienzo de la muerte de la familia. De cierto modo, el síndrome de Caín continúa presente. Ninguno de nosotros, aún en el interior de la familia, se considera guarda de su hermano... En nombre del respeto a la individualidad y a la libertad, muchas familias no se constituyen entorno a ideas comunes, olvidamos que una familia que no tiene ideas comunes no es propiamente una familia. Son los ideales en común que nos vuelven próximos unos de los otros.

"Dios" 3
La irresponsabilidad

A los padres les gusta pensar en los hijos como siendo intrínsecamente irresponsables. Especialmente cuando transfieren para otros aquellas responsabilidades que les pertenecen. Es así, la responsabilidad por la felicidad familiar es transferida a otros, sea para la escuela, para la iglesia o para los medios de comunicación. Hay muchas personas, algunas que no son creyentes, que transfieren a la iglesia la responsabilidad de la educación moral de sus hijos. Algunos apartados llegan a volver a la iglesia a causa de sus hijos, como si ellos no necesitaran de Dios también. Hay padres que no se acercan a sus hijos, permaneciendo lejos de aquello que el libro de Deuteronomio recomienda: llevar a nuestros hijos a amar a Dios sobre todas las cosas y evaluar literalmente ese conocimiento al andar, al levantarse, al caminar. Hay padres que creen que llevando a sus hijos a la iglesia, su tarea pedagógica está completa. Ser responsable requiere mucho trabajo, pero es necesario que aceptemos nuestra tarea y nuestra responsabilidad. Nuestro compromiso debe ser el de Josué: *yo y mi casa serviremos a Jehová*. Es como si el líder de la conquista dijera: "Ustedes, pueblo de Israel, hagan lo que quieran, pero aquí en mi casa nosotros serviremos al Señor".

En una época democrática, como la nuestra, podemos tomar de Josué ese *yo y mi casa serviremos a Jehová* como un deseo. Como él, debemos desear que nuestra familia sirva al Señor. Como Josué, debemos orar para que nuestra familia sirva al Señor. Debemos hacer lo que esté a nuestro alcance para que nuestra familia sirva al Señor. Nosotros mismos debemos servir al Señor con tal fidelidad y placer que nuestra familia quiera servir al Señor también.

3
Padres que dividen

ALGUNAS ACTITUDES DEBEN ESTAR PRESENTES en las vidas de aquellos que buscan servir a Dios.

Es difícil encontrar una familia tan complicada como la de Jacob, como es relatado detalladamente a partir del capítulo 27 de Génesis. Problemas no faltaban. Jacob era gemelo, pero su hermano era completamente diferente. No había diálogo entre ellos. Los dos siempre disputaron el derecho de ser el mayor. En la cultura hebrea, esto hacía una gran diferencia. El más viejo se quedaba con la mejor parte de la herencia. En una negociación, Jacob se quedó con el derecho a la primogenitura. Cuando su padre estaba viejo, bendijo a Jacob, pero su hermano, Esaú, no aceptó. Dio inicio a una pelea que duraría décadas. Percibiendo que el musculoso Esaú acabaría matando a Jacob, la madre de ellos recomendó que huyera. Jacob estuvo de acuerdo. En el nuevo ambiente, se enamoró de una prima, Raquel, pero tuvo que trabajar siete años para poder casarse con ella. Después del matrimonio, se dio cuenta que fue engañado. El suegro le dio a su otra hija, Lía, que era dulce, pero no era bonita como su amada. Tuvo que trabajar otros siete años para merecer a Raquel. La adolescencia y la juventud de Jacob estuvieron llenas de una crisis tras otra. Además, los años de madurez no fueron menos problemáticos. La esposa predilecta tuvo dificultades para darle hijos. Tuvo que huir de la casa del suegro y fue perseguido. Tuvo que luchar con el propio Dios. Una de sus hijas fue violada y después vengada por los hermanos. Por puros celos, sus hijos vendieron como esclavo a uno de sus hermanos. Y aunque fuera rico, llegó a pasar hambre.

La Biblia muestra claramente porqué aquella familia pasó por crisis. Se denotan en ella algunas actitudes que no deben estar presentes en las vidas de aquellos que buscan servir a Dios en todas las dimensiones de la vida. Había preferencias entre ellos. Al padre le gustaba más Esaú, porque era el más viejo y tenía hábitos que le agradaban. Esaú era cazador. A la madre le gustaba más Jacob, porque su parto fue difícil y tenía hábitos que le agradaban. Le gustaba ayudar en la cocina. Los celos pasaron a las generaciones siguientes. José, por ejemplo, fue maltratado porque parecía el consentido de los padres. Todos sabemos que los padres no pueden tener preferencias, pero a veces las tienen. Esto es raro, pero puede pasar. No obstante, la mayoría de las preferencias no pasan de la invención de los hijos.

Había muchos intercambios entre ellos. Isaac estaba enfermo. Ya no veía bien y no podía trabajar más. Además ésta es una situación que muchas familias viven hoy. Muchas fricciones surgen de esto. Nadie quiere quedarse con los padres viejos. Los adolescentes no tienen cariño por sus abuelos. Ellos son considerados una carga. Si son pobres la falta de consideración puede ser aún mayor. No era el caso de Isaac. Él estaba cerca de morir, pero aún era rico. Esaú estaba con los ojos en la herencia. Jacob también. Su madre era su aliada en esta causa. El hecho es que Isaac hizo un intercambio con Esaú. Pidió una bella porción de carne para poder bendecirlo. Las relaciones eran de intercambio. No eran consecuencia del amor verdadero, por lo menos en esta situación. Esaú "halagaba" a su padre, con la esperanza de quedarse con la mejor parte. Jacob se apoyaba en su madre. Una familia no puede vivir de intercambios. Cuando sus miembros buscan satisfacer solo sus propios intereses no conforman una verdadera familia. Cuando esto pasa, es fácil dejar de lado los compromisos asumidos. En la adolescencia, Esaú y Jacob habían hecho un trato. El primero vendió al segundo el derecho a la primogenitura. Después, cuando le interesó, "olvidó el trato". Isaac también "olvidó".

Había muchas mentiras entre ellos. Rebeca estaba de lado de Jacob y creía que él merecía la bendición de su padre, porque Esaú le vendió el derecho. Como vio que la causa estaba perdida, armó un plan basado en la mentira. Jacob hizo lo mismo. Dio resultado: Jacob fue bendecido. El precio fue demasiado alto y casi le costó su vida. Definitivamente, una relación no se puede basar en la mentira, aunque aparentemente parezca funcionar. Como dice el sabio, *Sabroso es al hombre el pan de mentira; Pero después su boca será llena de cascajo.* (Pr 20:17).

Usaba falsamente el nombre de Dios. Cuando se encontró en problemas, Jacob usó el nombre de Dios para justificar su "habilidad" al encontrar el alimento de su padre. Más tarde Jacob se encontró cara a cara con Dios y no pudo mentir más ni usar su nombre en vano.

La lucha fue dura. Jacob se convirtió y fue verdaderamente bendecido. Hasta entonces él conocía al Dios de sus padres y abuelos. Ahora, él lo conocía personalmente.

Quien conoce a Dios no puede y no debe usar su nombre para obtener ventajas. Nosotros existimos para servirlo y no al contrario.

Había odio entre los hermanos. Como resultado de todo el proceso, basado en el olvido de los acuerdos, en la mentira, en el intercambio y en el uso del nombre de Dios, aumentó el odio de Esaú por su hermano. Su deseo era matarlo. Solo quedó la fuga. Solo quedó la separación entre hermanos, separación que solo el futuro resolvería. El recuerdo de estos hechos es un indicador de que las crisis son siempre menores que nosotros, si tememos a Dios como Señor. Este mismo Jacob, sufrido, constituyó una gran familia, responsable por sacar adelante el plan de Dios para la salvación de toda la humanidad.

A pesar de que la historia parece tener un final feliz, Esaú y Jacob siguieron sus caminos y fueron felices. Ellos superaron esa crisis. Aprendieron que el odio no lleva a nada.

Cada uno siguió su camino, pero en paz, porque se perdonaron por el mal que se causaron el uno al otro.

No se dejaron dominar por el pasado. Aprendieron a superar sus problemas. Como ellos, lo mismo puede pasar con nosotros. Los recuerdos de las experiencias de nuestros antepasados deben servirnos en nuestras propias experiencias de hoy.

4
Prioridades invertidas

Ninguna familia está exenta de pasar por dificultades. La familia de David tuvo momentos de gloria y momentos de tragedia. Así mismo David tuvo muchos problemas personales, que la Biblia cuenta sin ningún disfraz. La Biblia es siempre así. Aún el padre de la fe, Abraham hizo tonterías y eso lo sabemos por qué la Biblia lo registró.

En el caso de David su familia era numerosa. Él tuvo diecinueve hijos, de diferentes mujeres. Sus fortunas y desgracias están registradas en los libros de Samuel, Reyes y Crónicas.

Los hijos de David

Uno de sus hijos fue el sabio Salomón, concebido por medio del adulterio y de un homicidio, pero quien lo sucedió en el reino realizando su más grande deseo: construir un templo para que el pueblo adorara a Dios.

La vida de Salomón nos muestra que no existe una situación personal que no pueda ser superada. Con la ayuda de Dios, a quien Salomón pidió sabiduría, podemos superar los obstáculos, sea la separación de los padres, la falta de oportunidades para estudiar o la muerte de un pariente. Aunque fuese el hijo del rey, Salomón tenía todo para ser un fracasado. Cometió errores, pero entró a hacer parte de la historia como un gran rey. No podemos cambiar el pasado, pero podemos construir un futuro bien diferente.

Otro de los hijos de David fue Absalón. El príncipe era muy guapo y tenía una larga cabellera. El parecía jugador de Voleibol de la selección brasilera... Si viviera hoy, sería modelo o actor de novelas.

El muchacho solo le dio tristezas a David. Mató a uno de sus hermanos, intentó tomar el lugar de su padre en el trono, quién huyo para no tener que matarlo, y avergonzó a su padre. Aun así, cuando sus ejércitos se enfrentaron, el padre pidió que la vida del príncipe fuera perdonada. La historia termina con la muerte de Absalón.

Ninguna familia está exenta de pasar por dificultades, algunas trágicas. En el caso de Absalón, su vida fue una tristeza.

Su muerte fue una vergüenza. Absalón tuvo todas las oportunidades de este mundo para recuperarse. No obstante, él, era demasiado ambicioso para ver que su padre lo amaba. Además de eso, prefirió seguir los consejos de otros y no los de sus familiares. El ambiente no era fácil: vivir en el palacio debe ser el peor lugar del mundo: que lo digan los ministros del gobierno brasilero, lidiando con intrigas y conspiraciones dentro del gabinete presidencial.

Absalón se dejó llevar. Él fue víctima de sus consejeros, pero quien "pagó el pato" fue él mismo. Leer la historia de Absalón es muy instructivo. Es por eso que está en la Biblia.

Los errores de David

David era más político que padre. Él amaba a sus hijos, pero las preocupaciones militares, económicas, religiosas y poéticas, probablemente hicieron que dejara en manos de sus asesores el cuidado y la educación de sus hijos. Leer la historia de fracaso como padre inspira a los padres de hoy y a los del futuro.

Prioridades invertidas

Un padre no puede renunciar al privilegio y al deber de educar a sus hijos. La relación entre David y Absalón definitivamente no sirve de modelo para nosotros. El único sentimiento legítimo en esta historia es el amor de David por su hijo, pero el amor solo no siempre es suficiente. Las actitudes tienen que ir más allá de los sentimientos para ser eficaces.

Cuatro errores fatales cometió David en su vida familiar. Como todos los personajes de la Biblia, este rey es una persona como nosotros, con las mismas dificultades, y con errores a veces peores que los nuestros. Pero, aun así, David fue un hombre conforme al corazón de Dios. Evidentemente, él no fue un hombre según el corazón de Dios por haber cometido esos errores. Vale la pena pensar en los errores de David en su vida familiar, errores que debemos evitar.

El primer error de David fue no colocar su familia como prioridad. Leyendo 2 Samuel 2:3,5, vemos claramente como David tuvo una tendencia negativa en relación a su familia. Observamos que, en el inicio de su vida política, él le daba un valor muy grande a su familia. Cuando dejó de ser un guerrero o un valiente, comenzó a reinar sobre Israel y se fue a vivir en Hebrón. David llevó a su familia, no solo a su familia sino también las familias de sus ayudantes. El rey, por lo tanto priorizó a su familia.

No obstante, en el capítulo siguiente, cuando David se traslada a Jerusalén, no hay ninguna mención de su familia o de las familias de sus ayudantes. Muy posiblemente David dejó su familia establecida en Hebrón y fue solo para Jerusalén. No tenemos una información precisa, pero notamos que el texto omite este cuidado, tan evidenciado anteriormente.

Parece que hubo un cambio de perspectiva en David. Tal vez en el inicio de su carrera, la familia tenía un valor importante.

Ahora que se convirtió en un gran rey reverenciado y no reinaba más en Hebrón, sino en Jerusalén, la familia quedo en segundo lugar.

Esta es una experiencia emblemática. Muchos maridos dependen de sus esposas para obtener sus logros profesionales, políticos y educacionales; sin embargo, después de los triunfos las abandonan. Lo mismo puede suceder de parte de las mujeres, aunque en nuestra sociedad, este sea un comportamiento más masculino.

¿Cuántos, como David, en nombre de la sobrevivencia, en nombre del progreso familiar, se olvidan de sus familias? Es fácil mirar a David y recriminarlo por haber hecho lo que hizo. David estaba empeñado en sus gigantes causas: unificar un reino desorganizado y hasta llevar al pueblo a servir a Dios. Su gran intervención hizo que colocara a su familia en segundo lugar y que pagara un alto precio: la vida de dos de sus hijos, abandonados por él.

Por lo tanto David fue un pésimo padre. Él no se constituye un ejemplo para nosotros en esta área, a no ser de forma negativa.

Muchos de nosotros incurrimos en el mismo error de David, aunque tengamos las mejores intenciones. A veces, colocamos a nuestras familias en un segundo plano, para colocar la iglesia en primer plano, como si Dios lo quisiera así.

A veces, colocamos a Dios en primer lugar y a nuestra familia en el segundo, como si Dios necesitara eso. La verdad, eso no ocurre a no ser como disculpa, porque no hay ninguna incompatibilidad en servir a Dios y colocar a la familia en primer lugar. La familia fue una creación de Dios para cumplir sus propósitos y para nuestra felicidad.

Sólo podemos vivir para alabanza de su gloria si colocamos la familia en primer lugar, porque Dios sabe que, cuando nuestra familia perezca, nosotros pereceremos con ella.

Aunque seamos reyes, presidentes, jefes, ejecutivos, seremos un fracaso si nuestra familia no ocupa el primer lugar en nuestras vidas.

No cometamos, pues, el error de David que priorizó el reino con el perjuicio de su familia y pagó personal y nacionalmente un alto precio. En cierto sentido, la división del imperio de Israel

Prioridades invertidas

fue consecuencia exacta del hecho de que David no colocó a su familia en primer lugar, una vez que la división fue el fruto de las reacciones ocurridas en el seno de sus descendientes en función de sus errores como padre, miembro, y líder de una familia.

Quien lidera una familia, como padre o madre, necesita revisar el lugar que tiene su familia, no solamente en el plano del discurso, sino en el plano de la práctica. Todos decimos que nuestra familia es una prioridad en nuestras vidas, pero no todos actuamos como si lo fuera.

Aquel que aún va a liderar una familia y pretende casarse debe tener en mente que no va a ser un chiste, ni un juego. Antes bien, va a hacer algo que está en el propósito de Dios para su propia felicidad. Por esto, comprométase a colocar su familia en el primer lugar y solo, comprométase con alguien que también se comprometa a colocar su familia en primer lugar.

Si la iglesia se está interponiendo entre usted y su familia quédese con su familia. Digo esto con tanta tranquilidad, porque la iglesia jamás se interpone entre un cristiano y su familia.

Este es un lema, pues no hay ninguna oposición entre servir a Dios de todo corazón, con toda la mente y con toda el alma y vivir en el interior de su familia, colocándola como primer lugar, como un proyecto que Dios estableció para cada uno de nosotros.

David cometió un segundo error, al no dialogar sobre sus problemas, como lo demuestra el episodio de su inconformidad con su esposa Mical, registrado en 2 Samuel 6:16-23. Después de una victoria militar, David comenzó a bailar en las calles con quienes se reunieron para que el arca volviera a Jerusalén. Como en aquellas películas antiguas. Mical miró a través de las cortinas del palacio y vio a su marido mirando a las jóvenes.

Ella se irritó tanto que no dejó a David dar una explicación, cuando entró en la casa. El resultado fue un gran lío.

¿Y si David estaba realmente bailando para el Señor? No fue eso lo que Mical entendió. ¿Y si David de hecho tuviera un intención y una práctica totalmente puras? No fue eso lo que

Mical pensó. ¿Y si Mical no estuviera celosa, sino realmente interesada en proteger a David? No sabría, no sabríamos, porque no conversaron; apenas pelearon. Uno no le dio al otro la oportunidad de aclarar lo que pasaba con cada uno de ellos. Si hubieran dialogado, discutido, conversado, tratado el asunto, posiblemente las intenciones de cada uno serían aclaradas.

El error de David y el error de Mical fueron precisamente ignorar el principio elemental de la vida familiar, que es el principio de la comunicación. La mayoría de nuestros problemas familiares no resiste unos minutos de diálogo. Gran parte de nuestros problemas serían superados, si conversáramos y discutiéramos todos los ángulos de la cuestión. David y Mical se equivocaron al no dialogar sus problemas.

Reflexione sobre algunos problemas considerados insuperables en su familia. ¿Será que ellos van a permanecer si usted y su esposa, o usted y su familia, o usted y su padre, o usted y su suegra, se sientan para conversar? ¿Sabe por qué nosotros no conversamos? Por qué podemos llegar a la conclusión de que estamos equivocados. Preferimos no conversar, porque, no conversando, estamos seguros de que estamos en lo correcto. Nos rehusamos al diálogo, porque tenemos miedo de perder. Nosotros nacemos para la victoria, queremos ganar siempre.

En el caso de David y Mical, posiblemente David tenía una bellísima intención: alabar al Señor con la gloria de la llegada del arca. Posiblemente Mical tenía una bellísima intención: cuidar a David de algún tipo de tentación. No obstante, no conversaron y dejaron que el odio hiciera morada en el corazón del uno y del otro con consecuencias terribles para la vida conyugal de ellos y de su familia.

Por esto, nunca dejemos de dialogar. Sea cual fuere la situación, conversemos hasta el cansancio. No hagamos juicios anticipados antes de agotar todas las dimensiones del problema.

El tercer error fatal de David fue en el actuar como padre. David era un padre distante y, como todo padre distante, era

Prioridades invertidas

descuidado. Cuando una de sus hijas, Tamar (según la narrativa de 2 Samuel 13), fue atacada sexualmente por uno de sus hermanos, Ammón, David no estaba. Él estaba tan distante que, cuando Tamar se refirió a su padre, dijo: *que hables al rey*.

Esa distancia hizo que David no tomara como propias sus atribuciones y no actuara como padre. David se enojó, pero no hizo nada, apenas se enojó, bravo, molesto, triste pero no tomó ninguna medida. Tres años después se había olvidado. Entonces Absalón mató a Ammón por que el padre no castigó a su hermano.

Absalón creyó que debía honrar a la familia proporcionando la muerte a Ammón. Su gesto fue una consecuencia de un padre que no actuó y que no tomó como suya la tarea que le pertenecía.

Y, entonces, una vez más, en lugar de castigar a su hijo Absalón, David, distante, dejó de lado y ese mismo Absalón, quien David nunca dejó de amar, conspiró su muerte. No obstante, quién murió fue Absalón.

David lloró la pérdida de su hijo, en un abundante lamento: *¡Hijo mío Absalón, hijo mío, hijo mío Absalón! ¡Quién me diera que muriera yo en lugar de ti, Absalón, hijo mío, hijo mío!* (2 S 18:33).

Dice la Biblia que David lloró por mucho tiempo lamentando por las calles. David no actuó como padre y pagó un alto precio, descubrió muy tarde que no actuar hoy es llorar mañana.

Aprendamos como David a amar a un hijo en cualquier circunstancia, pero no aprendamos como David a proteger demasiado a un hijo, al punto de no actuar como padre, dejando de corregir y disciplinar. Los hijos esperan eso de los padres.

Cuantas veces nosotros oímos historias de padres que lloran por sus hijos. No siempre aquello que los hijos hacen son consecuencias de los actos de los padres. Pero en el caso específico de David, su estilo despreocupado de la vida familiar que él implementó no podría generar diferentes prácticas, a no ser tales tragedias.

El cuarto error fatal de David fue no ser fiel a su esposa. El libro de Samuel narra una serie de pecados cometidos por David después que vio y deseó a Betsabé. A partir de ahí, David cometió una cadena casi interminable de pecados, culminando con la conspiración y muerte de un general con su ejército. Un adulterio nunca es una acción única. Algunos han dicho que no existe una jerarquía de pecados, que todos los pecados son iguales delante de Dios. No obstante, no todos los pecados son iguales en sus consecuencias. El adulterio es uno de los pecados más terribles. Aquellos que escogen el camino del adulterio pagan un alto precio como la disolución de su matrimonio, la culpa y la enfermedad.

David pagó ese precio. David, el hombre según el corazón de Dios, fue impedido por Dios para construir su templo, porque Dios consideraba a David indigno por haber derramado mucha sangre y entre esa sangre estaba la sangre del general Urías.

El adulterio es un error fatal. La experiencia de David lo demuestra. Nosotros somos invitados a la fidelidad sexual, sea corporal, mental o visual. La pureza esté en el cuerpo y también en la mente. Cuando nos casamos, hicimos una libre elección de la cual somos responsables.

Si usted está como David y no prioriza a su familia en la práctica, dispóngase a darle la prioridad.

Si usted es como David y no dialoga los problemas que están ocurriendo en el día a día de la familia y de la pareja, aprenda a tomar conciencia de en donde está y recomience un nuevo tipo de vida familiar dialogando, discutiendo, exponiendo los problemas en busca de una solución común.

Si usted es como David y, a veces, se olvida de ser padre, de ser madre, aprenda como David a pedir perdón por su pecado y comenzar una nueva vida.

Si usted, en algún momento de su vida en el pasado y también en el presente, no fue o no está siendo fiel a su conjugue, haga como David: solamente reconozca que está en contra de

Dios, que usted está pecando y pídale que borre esa transgresión, para que usted pueda disfrutar de nuevo la alegría de salvación.

La experiencia negativa de David nos impulsa positivamente a cambiar algunos de nuestros estilos de vida familiar para no cometer aquellos errores fatales.

5
Una parábola de nosotros mismos

ESTAMOS DELANTE DE CUATRO PERSONAJES EN BUSCA DE UN AUTOR.
La historia del hijo pródigo (Lc 15:11-32) simboliza el itinerario de la humanidad, que se apartó voluntariamente de Dios. Todos sabemos que la parábola contada por Jesús es una invitación del gran Padre a sus hijos, que deben arrepentirse y restablecer una relación saludable con Él.

No obstante, la parábola permite también otra interpretación. Aunque no fuera la intención de Jesús, su historia muestra el retrato de una familia infeliz. La historia está compuesta de cuatro personajes. Se trata, por los tantos, de una familia típica. La primera parte de la historia es trágica.

Una madre ausente
En la historia contada por Jesús, no existe la figura de la esposa ni de la madre. Hay varias alternativas para esto: ella podría estar muerta; ella podría estar ausente o ella podría estar presente, pero Jesús la ignoró en su narrativa. La conclusión es libre, desde que se entienda que nunca se sabrá lo que pasó.

Por eso, ella será ignorada también aquí. De cualquier forma, podemos concluir que nadie llenó el vacío dejado por la madre o por la esposa.

Un padre benévolo

Si la madre está ausente, el padre benévolo, aquel que siempre concede, que cree que su hijo cambiará de actitud milagrosamente. Tal vez porque estaba muy interesado en ganar dinero, nunca les dio mucha atención a sus hijos. Su lógica era: aumentar las ganancias, para así dar lo mejor a sus hijos. No hay duda que la vida obliga a los padres a trabajar mucho, pero el trabajo, el negocio, la profesión, la empresa, aquí en esta historia antigua en el campo y hoy en una industria o en una tienda o en un departamento, no pueden impedirnos poner atención y dar cuidado, afecto y cariño - sus mayores necesidades, aunque nuestra sociedad convencional coloque los recursos materiales como un sinónimo de felicidad.

El padre, además de eso, no sabía imponer su autoridad, que no se ejerce por la fuerza, pero si por la colocación de límites y caminos claros a sus hijos. Tal vez no lo haya hecho, porque le faltaba autoridad moral. Así, cuando uno de sus hijos le pidió que dividiera sus bienes, rápidamente él estuvo de acuerdo. Es posible que hubiera pensado que los bienes se dividirían pero la familia seguiría unida. Solo más tarde, él pudo percibir su error, el error de no haber ejercido su autoridad en el momento indicado. Tal vez haya confiado en la educación que le dio. Pero, ¿será que él realmente le inculcó valores permanentes, o apenas le dio bienes materiales? Podemos pensar que solo se interesaba en el futuro de sus hijos y no con la felicidad presente. El futuro de los hijos es muy importante, pero no hasta el punto de prohibirles ser felices en el presente. El hijo rebelde se cansó de acumular para un día ser feliz.

A veces, podemos pensar en esto como algo que le pasó a otros, pero como nuestro padre preguntó, ¿hace cuánto tiempo que no tenemos una conversación en familia? No es una pregunta para que otros respondan y si una pregunta para que yo responda. ¿Qué padre estoy siendo? ¿Un padre benévolo, un padre muy interesado en el éxito profesional con buenas intenciones o un padre enfocado en el futuro de los hijos y que olvida el presente?

Un hijo interesado

El hijo más joven actuó irresponsablemente. Con relación a las riquezas de la familia, imaginó que podría pasar la vida entera gastando lo que creía era suyo. Tal vez desde temprano haya tenido que ir a trabajar en el campo y se creía merecedor de todo aquello. Por eso, reclamó su parte de la herencia y desapareció.

Lejos de casa, no buscó desarrollar amistades sinceras. Apenas, con su dinero, fue "comprando" amigos aquí y allí. Un día, el dinero se acabó y él no tenía ni siquiera un amigo.

Él no se preocupó en hacer amigos porque creía que ya los tenía. Él solo descubrió la tontería que había hecho después de regalar todo su dinero. El hambre golpeó fuertemente.

Buscó empleo, pero no consiguió nada, a no ser un trabajo de cuidador de cerdos. Su patrón era tan "bueno", que no le daba comida diferente de aquella que los animales comían.

Salario, ni pensarlo. El desespero golpeo en la cabeza.

Él, entonces, pensó en su padre, a quien nunca mandó una carta, ni para decir en donde estaba, si estaba bien, etc. Hasta entonces no se preocupó con el sufrimiento de sus familiares.

Pero, cuando las dificultades llegaron, recordó a su padre. Pensó en los empleados de su padre. Comparó la comida que comía con la de sus empleados. Comparó la cama que no tenía con la cama de sus empleados.

La segunda parte de la parábola relata el regreso del hermano menor y las reacciones de sus familiares.

Un hijo arrepentido

Mientras que alimentaba a los cerdos, el ex-hijo del hacendado rico pensó en su padre. Primero, pensó apenas en volver. Después, tomó la actitud correcta: se arrepintió de lo que hizo. Por lo tanto, vio el error que había cometido, percibiendo la injusticia que había cometido en contra de su padre.

¿Cuál fue el error? Entre los errores, el sucumbió al instante. Si su padre y su hermano pensaban en la felicidad como una cosa futura, él pensaba en ella apenas como algo presente, sin la dimensión de aquello que aún estaba por venir.

Pero aún, él se consideraba el centro del mundo, ignorando por completo las voces de su padre y de su hermano. Solo él lo sabía todo. Sólo él sería capaz de decidir lo que era mejor para sí mismo. Lo que pensaban los otros no le importaba. Por esto, no fue amigo de su padre ni de su hermano, como no fue amigo de él ninguno de aquellos que compró con su dinero, cuando aún lo tenía.

Sin embargo, el hijo menor tenía virtudes. Él tenía el coraje para arrepentirse, el coraje para regresar derrotado a su casa. Volver a casa triunfante es fácil, volver a casa en carro nuevo con un buen empleo también es fácil. Ahora, volver a casa, en bus o a pié, sin nada de dinero, sucio, andrajoso, hambriento, requiere mucho coraje. Ya oímos historias de personas que dejaron sus casas para cambiar de vida, fracasaron y prefirieron quedarse en la cuneta que tener el coraje para regresar.

El hijo pródigo reconoció que su casa era mejor que todas las casas del mundo. Después de experimentar otras casas, concluyó que la suya era la mejor de las casas. Él, entonces, decidió regresar a casa, dispuesto a pedir perdón y a pagar por sus errores. Él no se creía merecedor de ser llamado un verdadero hijo. Llegó humilde. Ensayó un pedido de perdón. Final feliz.

Por esta actitud, pudo descubrir de nuevo la amistad en familia, amistad de una familia que le dio lo que él ya no merecía.

Debido al amor de su familia, aprendió a vivir de nuevo en familia.

Un padre comprensivo

Su padre aún se consideraba su padre. Tal vez desde la baranda desde donde, diariamente, esperaba el regreso de su hijo, su padre lo vio. Lo vio y salió corriendo a su encuentro. El hijo intentó decir alguna cosa, para pedir perdón, pero el padre no quiso ni saber.

Abrazo a su hijo y le demostró que aún lo amaba. Le dio la mejor ropa. Le puso los mejores zapatos. Le ofreció las joyas más bonitas. Además de eso, ofreció una gran fiesta, motivada por un gran asado, con una jugosa carne. Para él, era como si un muerto hubiera resucitado.

El padre se redime al final de la historia. Él tuvo el coraje de recibir a su hijo de vuelta. Él podría seguir otra lógica: "¿No escogió? que pague. No quiso así, que llegue hasta el fin".

Este padre, que tipifica la actitud de Dios, tuvo el coraje de recibir a su hijo, no como un hijo de segunda categoría, sino como un hijo amado, como una gran perla perdida, ahora encontrada.

A partir de entonces, posiblemente el haya aprendido a valorizar la dimensión presente de la felicidad. Recibió a su hijo siendo su hijo. Se espera también que Él haya aprendido a ejercer su autoridad con dedicación y amor y haya aprendido a colocar los negocios, la profesión, la empresa en el lugar correcto, esto es, como medio para la solvencia y no la propia vida.

Un hermano celoso

La historia tenía todo para terminar de un modo feliz, porque todos en la casa comenzaron a festejar. El hermano mayor, que se había quedado en casa y había ayudado a su padre en los negocios y que había invertido su herencia en la hacienda de la familia, no le gustó lo que vio. El creía que todo era una injusticia, porque su padre nunca dio una fiesta en su honor, aunque fuera con modestos cabritos.

Para él, su hermano, quién no le importaba, era alguien que iba a estorbar, era alguien que iba a dividir algo que ya no merecía porque ya había sido dividido. Él pensó solamente en sí mismo. Ambicioso, pensó solo en la perdida de patrimonio, no en la alegría de su hermano, en el reencuentro con su hermano. Su ambición lo incapacitó para el amor.

La mayoría de las peleas familiares, especialmente después que los padres mueren, son alrededor de la división de la herencia, a veces herencias mínimas. Esa es una historia, sabemos que ocurre todos los días.

Cuando su hermano llegó y fue dada una fiesta, el no quiso participar, no tenía tiempo para fiestas, o porque no fue avisado, como aparece en la historia, o no se interesó en oír. No le interesaba aquella fiesta, porque de todas maneras las fiestas no hacían parte de su vida, porque el necesitaba acumular para el futuro.

No podemos dejar de registrar que ese hermano también tenía virtudes: era trabajador, se esforzaba de sol a sol y su trabajo era pesado. Parte de los recursos de la familia, él los había acumulado.

Como él, nosotros aprendemos el valor del trabajo. Como esta parábola, aprendemos que los desajustes pueden ocurrir, pero todos (padres e hijos) deben contribuir para que todo sea superado. Solo así, podrán encontrar la felicidad que buscan, en la convivencia unos con otros. El padre actuó bien, al perdonar al hijo menor. El hijo menor actuó bien, al volver a su casa. El hijo mayor actuó mal, al considerarse víctima de una injusticia.

Los padres tienen deberes específicos, a los cuales no pueden renunciar. El padre en esta historia, se mostró ausente cuando debería ser firme. No siempre un adolescente sabe lo que es mejor para sí mismo. Es deber del padre orientarlo, aunque sea necesario contrariar su voluntad. El padre, por su experiencia, ve a lo lejos y puede ver a donde lo llevaran mañana las actitudes de hoy. Los hijos necesitan reconocer que los padres tienen esa capacidad y aceptar la experiencia de ellos como importante para sus vidas. Los hijos deben oír más y actuar menos. En otras palabras, los hijos deben escuchar a sus padres.

Una parábola de nosotros mismos

Además los hijos no deben ser rencorosos, aun cuando piensen que sus hermanos o sus padres actuaron de forma equivocada. El hijo mayor se dejó llevar por los celos, cuando debería alegrarse con su hermano. Los celos cegaron el amor.

Estos tres personajes tipifican nuestras tensiones en la familia. El padre no puede ser benévolo, ni ausente, ni solo enfocado en el futuro ni mucho menos de tal modo lleno de soberbia con el trabajo que no vea las necesidades profundas de cada miembro de su familia. El padre debe tener el coraje de recibir a su hijo o a su hija de regreso porque hay padres que no los reciben ni los buscan. El padre debe dar valor al presente de sus hijos. No debe saturar a sus hijos con actividades o estudios, de modo que no les sobre tiempo para vivir. No deben tampoco saturarse a sí mismos de trabajo o estudio que no tengan tiempo para dedicarle a sus hijos.

Cada padre debe reflexionar si no está siendo el padre de la parábola del hijo pródigo y si lo está, entonces disponerse a cambiar para ser otro tipo de padre.

En cuanto a los hermanos, aprendemos también que no deben ser celosos, ni ambiciosos, ni proyectar su futuro solo para el futuro, sino que, al contrario, deben buscar la armonía y la paz de la mejor manera posible, aún en la hora de compartir. Cuidémonos de no valorar a nuestros hermanos cuando estamos lejos de ellos. Si los tenemos, debemos valorar a nuestros hermanos, por más que ellos sean como los de la parábola.

A diferencia del hermano menor, tengamos en cuenta siempre la dimensión de las consecuencias de nuestros actos en el futuro. Imaginemos que nuestra vida tiene una continuación, un porvenir, un vivir que no será en el futuro, pero tampoco es solo en el presente. Sabemos que no podemos cambiar el pasado, pero podemos construir nuestro futuro. Debemos tener la humildad de reconocer que nosotros nos equivocamos como padres, y como hijos. Es un buen comienzo reconocer nuestros errores, volver, regresar, revivir, valorar nuestra casa como la mejor de las casas.

Que no sea necesario para ninguno de nosotros ser un hijo prodigo que retorna, aunque sea por que puede no haber retorno.

La Biblia nos enseña que el hogar es nuestro lugar. Hagamos de él, de hecho, nuestro mejor lugar. Oremos a Dios para que él nos ayude y nos fortalezca para poner en práctica tales deseos.

Una parábola de nosotros mismos

Interludio en forma de sermón para una ceremonia de matrimonio

Lo que Dios unió...

[Jesús] *respondiendo, les dijo:*
¿No habéis leído que el que los hizo al principio, varón y hembra los hizo, y dijo: Por esto el hombre dejará padre y madre, y se unirá a su mujer, y los dos serán una sola carne? Así que no son ya más dos, sino una sola carne; por tanto, lo que Dios juntó, no lo separe el hombre. (Mt 19:4-6).

Al traerles este texto, parezco estarles diciendo aquello que ustedes no esperan. Antes, en verdad, estoy hablándoles sobre lo que les pasa hoy y sobre lo que ciertamente ustedes anhelan para el resto de sus vidas: integración, unión, compañerismo.

La verdad, nadie se casa para separarse. Obviamente, si una pareja lo deseara, bastaría que no se casara. No obstante, la separación es una realidad que alcanza a muchas parejas.

La misma Biblia habla de esta realidad, realidad que no es deseada por ustedes y nos es anhelada por Dios.

Es por esto que Él, por medio de la Biblia, les deja esta advertencia, deseando la felicidad de ustedes, advertencia que quiero reforzar, deseando el mismo bien, en nombre de todos los que se encuentran presentes en esa noche, por el amor que alimenta por usted, (ella), y por usted, (el).

Cuando Dios une el matrimonio entre dos personas, es en verdad entre tres: el, ella y Dios. Son tres los que se van a casar, porque fue Dios que los unió a ustedes dos. En este tipo de triángulo amoroso, Dios está en el vértice superior, dictando los valores, inspirando las decisiones y fortaleciendo los lazos conyugales. En los otros dos vértices, ustedes dos oyen esos valores, los siguen con sinceridad y tienen placer en la bendita compañía de Dios.

Cuando existe este tipo de disposición, podemos decir que Dios está ayudando a la pareja. Yo espero que esta sea la disposición de ustedes dos.

Cuando el matrimonio es de tres, los tres buscan el bienestar del otro. Dios siempre busca nuestro bienestar, porque los planes de Dios para nosotros son de paz, nunca de mal. Nos corresponde también a nosotros querer el bienestar de Él y el bienestar de nuestro cónyuge.

En un mundo en que las personas se enfocan en sí mismas, el matrimonio es un escándalo, en el sentido en que dentro de él se vive para el bienestar del otro. Ambos, por lo tanto, viven para hacer al otro feliz. Dentro del matrimonio que está firme en los principios espirituales de Dios, el mayor placer (en todas sus dimensiones) es el placer del otro. No se debe casar para ver lo que se puede sacar del otro, sino para ofrecer lo máximo al otro, en términos de cuidado, cariño, afecto, protección y preocupación.

Cuando existe este tipo de disposición, podemos decir que Dios está ayudando a la pareja. Yo espero que este sea el interés de ustedes.

Cuando uno busca el bienestar del otro, hay un compromiso mutuo de fidelidad entre los dos. Nunca fue, no es y jamás será fácil ser fiel. Las propuestas son muchas. Es principalmente por eso que se hace la recomendación Bíblica aquí repetida. No ser fiel es precisamente separarse aunque estén juntos.

Ser fiel guarda al uno para el otro, tanto en la exclusividad y en la permanencia de la pasión como en la dirección y sentido del amor y del respeto. Es desear solamente al otro. Es querer estar siempre con el otro. Es vivir en una relación trasparente, aquella transparencia que se puede ver con placer porque de ella salen colores y olores agradables. Es vivir una relación con integridad, es decir, con enteraza, verdad y plenitud.

Solo es fiel quién es capaz de renunciar a lo fácil y a lo trivial, a lo ilusorio y a lo superficial. No es fácil mantenerse juntos,

Una parábola de nosotros mismos

pero esta es la recomendación Bíblica y exactamente para esto es que Dios creó al hombre y a la mujer como seres que se complementan. Uno sin el otro están incompletos; no son aún un ser. Hombre y mujer son radicalmente diferentes en el plano biológico. Y en esta diferencia, ellos se complementan. Posiblemente ustedes sean muy diferentes entre sí, en el plano sicológico pero en esta diferencia ustedes se complementan. Dios los hizo a ustedes así.

Su felicidad (el) ocurre porque (ella) vino a completarlo. Al (ella) completarlo, usted es feliz. Su felicidad (ella) ocurre porque (el) vino a completarla. Al (el) completarla, usted es feliz. Y aunque ustedes ya sepan esto, deben cuidar que el egoísmo no los descomplete.

Existen dos tipos de egoísmo: uno es egoísmo de uno solo, en el que uno de los cónyuges vive solo para sí mismo, olvidando sus votos, que de aquí en un rato se harán, y olvidando el interés por el bienestar del otro. El egoísta solo es aquel que se basta a sí mismo, porque no necesita que el otro lo complete. Si el egoísmo de uno solo triunfa, ustedes no podrán mantenerse juntos en el sentido de ser un complemento.

Existe un segundo tipo de egoísmo: El egoísmo doble, que es aquel en el que la pareja vive solo para ellos mismos, sin interesarse por otros, sea el resto de la familia, sean los amigos, sea la iglesia, sea el mundo. El egoísta doble es cuando la pareja se basta a sí misma, porque no necesita que nadie más la complemente. Si el egoísmo doble triunfa, ustedes no podrán mantenerse juntos el sentido de ser un complemento.

Si ustedes recuerdan que uno complementa al otro, ustedes no van a separar lo que el mismo Dios unió.

Complemento tiene que ver con compañía, cuyo contrario es soledad. Si ustedes prefirieran la soledad, no se casarían.

No obstante, necesito decirles que vivir en la compañía del otro es algo que necesitan aprender, constantemente aprender, y esto es algo fácil de recordar.

Vivir en compañía es, en escénica, tener placer al estar con el otro. Es querer hacer juntos las cosas que antes hacían por separado.

Vivir en compañía es estar uno al lado del otro, aún sin palabras.

Vivir en compañía implica tener la valentía de renunciar a algunos gustos, típicos de quienes viven solos. Ustedes son jóvenes, pero deben tener preferencias que no combinan con las del otro. Ellas deben continuar, pero su cantidad debe disminuir. Vivir en compañía significa respetar la individualidad del otro. Si a su amado no le gusta el frijol, no le de frijol. Si a su amada le gusta ver televisión hasta tarde, valla a dormir. El matrimonio no es para anularlos, sino para ser placentero.

Si ustedes son compañeros el uno del otro, contribuirán para que aquello que Dios unió permanezca unido.

Además, ustedes necesitan vivir comunicándose permanentemente con palabras. Los gestos comunican, pero demandan mucha interpretación. Por eso, hablen. Hablen de sus proyectos, aunque sean frágiles. Hablen de sus ansiedades, aunque sean pasajeras. Hablen de sus reclamos, aunque sean indignos. Comuníquense. Posiblemente, uno sea más callado que el otro. Y eso no va a cambiar. Ni debe. No obstante, lo que no puede haber es falta de comunicación. Nada se resiste a las palabras: ni tristeza, ni duda, ni angustia. Si ustedes conversan entre ustedes acerca de estas cosas, ellas van a desaparecer. Mantengan entre ustedes el espíritu, el hábito, el placer de conversar. Si ustedes tiene cuidado con esto, lo que Dios ha unido ustedes no lo van a separar.

Parte 2

La familia y su fuerza

6
Una obra prima

CUANDO INVENTÓ LA FAMILIA, Dios sabía bien lo que estaba haciendo. No podemos imaginar una vida sin familia, aunque no todo en ella sea la flor que debería ser.

La razón es muy simple: ninguno de nosotros, como dice la expresión popular, es flor con olor.

Por experiencia propia, por las experiencias de los otros y por las enseñanzas bíblicas, sabemos que no siempre en la familia las cosas ocurren como deberían. A veces, el egoísmo triunfa, el desinterés reina y el mal humor acompaña la vida diaria.

A pesar de todo esto, cuando llegamos al mundo, no teníamos ni la menor condición para sobrevivir solos. Cuando nos enfermamos, el cuidado viene de la familia. Cuando necesitamos apoyo, es con ella que se puede contar efectivamente. Dios sabe estas cosas. Por eso, hizo la familia. Si ella no es maravillosa, la culpa no es de quien la inventó.

El proyecto de Dios

Cuando la inventó, Dios sabía bien lo que quería.

Según la Biblia, primero Él hizo el mundo, vio que era bonito y necesitó un gerente para cuidar de él. Por eso, creó a los seres humanos, su mayor obra. Para cuidar el mundo, y principalmente para ser felices en él, hizo al hombre y a la mujer. Dios es un conocedor profundo de la naturaleza humana. Al final, el hizo al ser humano a su imagen y semejanza. Por eso, sabía que ese hombre apreciaba la comunicación y el compañerismo.

No obstante, Dios estaba viendo que su creación estaba sola. La familia aún no existía. El primer hombre era un solitario. Para no morir de tedio, conversaba con vacas, pájaros, serpientes y lagartos. De vez en cuando, el mismo Creador venía a charlar con él. El mismo Dios es un ser que se comunica. A Él también le gusta conversar.

En ese convivir con el hombre, Dios notó que faltaba alguna cosa. El hombre que había creado tenía un arduo trabajo para administrar el mundo. Perfecto y amigo de la perfección, Dios vio que el mundo era bonito y demasiado grande para una sola persona. Entonces creó para él una compañera. Los dos comenzaron a dividir alegrías y problemas. La familia aún no estaba completa. Fue surgiendo de a poco. Solo cuando vinieron los hijos, el proyecto divino se convirtió en una verdadera obra prima

Por esto, en la familia, la palabra clave es compañerismo.

Además, es bueno no olvidar que esta es también la palabra clave en la relación entre Dios y los hombres. Cuando se refería al creador, Jesús Cristo, el hijo, usaba la palabra "Padre". Cuando se refería a sus seguidores, pensaba en ellos como "hermanos". Aun cuando Él también tenía padre (José), madre (María) y varios hermanos.

Dios creó la familia para formar un lugar en donde las personas pudieran ser compañeras unas de las otras. Vivir es amar y la familia es el primer lugar en donde ejercemos este amor.

El amor necesita compañeros para existir. Nadie ama el vacío, pero sí a alguien de carne y hueso. Nuestros primeros amores son nuestros padres. Solo más tarde, mucho más tarde, ya en la adolescencia, amamos a otras personas fuera de la familia. Si este amor crece y se desenvuelve, hará crecer otra familia.

Una obra prima

El compañerismo es una consecuencia de ser creados a imagen y semejanza de Dios. El amor de Dios no es vacío. Es concreto y tiene una dirección: nosotros. Él aprecia nuestra compañía, así como nosotros debemos apreciar la suya. Debemos buscar su presencia como una persona sedienta busca agua en el desierto, como una animal que corre en busca de un arroyo en la montaña (Sal 42:1).

Los símbolos permanentes de la creación

Cuando creó el hombre, Dios vio que él estaba incompleto, solo. Cuando creó a la mujer, Dios la llamó ayuda idónea, alguien al mismo nivel del hombre y con quien él pudiera relacionarse con madurez.

La creación de la primera pareja indica también que ellos se complementan y son diferentes. Esa diferencia es esencial para ellos porque Dios los hizo así. Es ella que atrae a uno en dirección al otro. Los caracteres de los dos serán siempre incompatibles: uno es hombre y la otra es mujer.

No tiene sentido alegar incompatibilidad de carácter a la hora de la crisis conyugal. Aquello que un día los atrajo no los puede separar ahora. El camino de la madurez es largo, pero debe ser recorrido hasta la última milla.

Estas verdades se pueden ver claramente en la historia de la creación (Gn 2:18-25;4:1,2). Por eso, deben ser consideradas símbolos de la vida en familia aún hoy. La historia de la creación y la vida en familia nos enseñan, entre otras realidades, que ninguno de nosotros está completamente solo (Gn 2:18). El primer hombre tenía la compañía de Dios, de los animales y de las plantas. Solo él reinaba en la tierra. Aunque fuera el gobernador de la tierra, era infeliz. Era como aquellos ricos de las películas. Tiene todo, inclusive una mesa gigante en su gigante mansión, pero tienen que almorzar solos. Dios que sabe todas las cosas, notó que al primer hombre le faltaba una compañera que fuera igual para él en todo. Solo así el vacío que sentía desaparecería. La mujer es fruto de la decisión divina de encontrar una compañera para el primer hombre (Gn 2:18). Antes de eso, le ofreció la oportunidad de encontrarla entre las aves y animales, creados para el hombre. El primer hombre, por lo tanto, tuvo la oportunidad de relacionarse con todas las creaciones de Dios (Gn 2:19). Él era señor de todas ellas. Pudo, inclusive, escoger sus nombres (Gn 2:20). Sin embargo, ninguna le sirvió, así como un gato mascota no puede llenar ciertos vacíos. Quién tiene un gato dentro de su casa sabe que todos los animales domésticos tienen nombres. Son parte de la familia. Cuando ellos sufren, todos sufren. Ya existen clínicas de atención para mascotas, que ofrecen hasta cuidado psicológico...

La mujer es una creación especial de Dios (Gn 2:20-23). El hombre y la mujer fueron creados por Dios, que usó el mismo "material". Ambos son sangre, carne, huesos, pelo, razón, emoción, voluntad. Por lo tanto, tienen el mismo valor delante de Dios, por más que algunas sociedades crean que uno es superior al otro. Dios quería crear una compañera que fuera igual al primer hombre. Él lo hizo.

La familia es el lugar en donde el hombre y la mujer se realizan como personas, viviendo en armonía (Gn 2:24-25). El autor bíblico resume el proyecto de Dios: en su propia época, el hijo y la hija dejarán las casas de sus padres para formar una nueva familia, él con su esposa, ella con su esposo. El ideal es que vivan en armonía, reconociéndose como iguales y buscando la felicidad uno del otro.

Cuando ellos ven, que los hijos completan el proyecto de Dios (Gn 4:1-2). La primera pareja tuvo tres hijos. La Biblia incluso dice sus nombres. En la cultura judía, todos los nombres tienen un significado. No sabemos el significado del nombre Abel y Set, pero sabemos el de Caín. Significa "adquisición". Caín tuvo una vida infeliz, pero su nombre era muy feliz y simboliza lo que los hijos son para los padres: regalos de Dios, con los cuales el Creador completa su obra. Después que Abel murió, Dios proveyó otro hijo para la pareja. Eva también recibió a Set como un regalo de Dios (Gn 4:25).

7
El placer y la responsabilidad

No todos los cambios en los patrones familiares son malos. Frente a las cosas que ocurren con las familias de hoy, hay dos actitudes muy comunes.

La primera es:

– ¡Ah! ¡Igual, El mundo ya está perdido!

La segunda es:

– ¿Cuál es el problema? ¡No veo nada de malo en esto!

De hecho, muchos cambios vienen ocurriendo. No todos son malos. Antiguamente, por ejemplo, los padres escogían con quién se casarían sus hijos. Hoy ya no es así. Pocas personas creen que el cambio ha sido peor.

¿Cómo saber cuáles cambios son aceptables y cales son inaceptables? Éste es un problema que la Biblia nos ayuda a resolver. Ella nos ofrece patrones permanentes. Pero ¡cuidado! No podemos simplemente querer copiar el ambiente de las familias bíblicas en los días de hoy. Ningún padre hoy puede, por ejemplo, hacer como Abraham, que expulsó de su casa a un hijo y se dispuso a matar al otro. Nuestro mundo es otro. Agar y

Sara, por ejemplo, podrían ir a la policía y denunciar a Abraham, que, ciertamente, seria colocado preso.

Tampoco ningún padre puede golpear a su hijo y después abrir el Salmo 137:9.

Esas prácticas eran válidas para una época, cuando los padres podían hasta matar a sus hijos. Jefté, por ejemplo, prometió sacrificar a la primera persona que se encontrara, si ganaba una guerra. Él venció y su única hija vino a saludarlo. Perturbado, él explicó a la niña la oración que había hecho. Ella le dijo que lo hiciera. Su padre cumplió su voto. (Jue 11.30-40) No era un crimen...

La Biblia requiere que leamos con fe e inteligencia. Fe para que Dios nos ilumine para entender y aceptar sus principios. Inteligencia para que Dios pueda iluminarnos y podamos entender.

Fe e inteligencia para ver en la Biblia, por detrás de la realidad, los principios de Dios para nuestras vidas. Los patrones de la sociedad cambian. Los de Dios no.

Los ideales en la licuadora

Nuestros familiares (padres, abuelos y tíos, principalmente) procuran comunicarnos aquellas cosas que creen que están bien o mal. Nuestros profesores y compañeros del colegio hacen lo mismo. Nuestros amigos actúan de la misma forma. Nuestro(s) pastor(es) y profesores en la iglesia están siempre mostrándonos los caminos. Los medios de comunicación en masa, especialmente la televisión, viven diciéndonos como vivir.

¿Qué hacemos con tantas ideas?

Sin saber, tomamos esas ideas como si fueran ingredientes de un batido. Primero, seleccionamos las frutas. Aquellas que no nos gustan, las dejamos de lado. Después, pelamos algunas y lavamos otras. Por fin, agregamos agua, leche y azúcar. Prendemos la máquina y producimos un sabor nuevo.

Eso pasa con la ideas. Aquellas con las cuales estamos de acuerdo completamente pasamos a considerarlas como nuestras.

El placer y la responsabilidad

Aquellas con las cuales estamos en desacuerdo las dejamos de lado. A veces, tomamos una parte de una idea y rechazamos la otra.

De ese modo, nuestros valores son resultado del filtro que hacemos de las ideas de los otros. Nuestro conjunto de valores es una especie de batido listo para ser tomado. Este tendrá el sabor de las frutas que hayamos colocado. Sobresaldrá aquella fruta que sea más fuerte.

Es ahí que entra la familia. En la preparación de nuestro coctel de valores, si los valores de la familia son más fuertes, es de esto que vamos a beber la vida entera.

En el proyecto de Dios, es dentro de la familia en donde debemos aprender las verdades esenciales para la vida, especialmente el valor máximo de amar a Dios sobre todas las cosas y al prójimo como a nosotros mismos. No obstante, tendemos a cambiar la familia por una conversación en la escalera del colegio o por algún tipo de conversación ligera de las personas en la equina.

Antiguo, pero sin olor a naftalina

Por eso, los padres que aman a Dios y a sus hijos buscan pasarles los principios contenidos en la Biblia. La razón de esto es que esos valores son válidos siempre, porque son inspirados por el propio Dios.

Deuteronomio 6 es una orientación a los padres sobre cómo enseñar esos valores a sus hijos. Es deber de nosotros padres, vivir y comunicar esos valores. Es deber de los hijos amar a Dios y a sus padres y vivir esos valores. Aquellos hijos cuyos padres no están preocupados con estos valores deberían vivirlos por su propia cuenta.

Las ideas de este texto fueron presentadas hace cuatro mil años. La vida familiar de hoy es completamente diferente. En aquella época no había escuelas como las de hoy. No existían opciones de recreación como hoy. El matrimonio era completamente arreglado y la opinión de quien se estaba casando no tenía la menor importancia. Además, los jóvenes ni siquiera tenían opinión. Frente a esto, tal vez alguien dude que las enseñanzas Bíblicas en general sirvan de algo hoy. Triste engaño. La Biblia fue escrita en otra época, pero tiene relevancia en todas las épocas. En aquel tiempo, era común colocar pensamientos, como si fueran enseñanzas divinas, en las puertas de las casas. La costumbre desapareció, pero continúa válida la idea de que se deben buscar formas para que esos valores sean leídos y comprendidos. Puede ser un adhesivo, que no existía en aquella época, un plástico de automóvil, que tampoco existía.

¿Qué enseña el texto a los padres y a los hijos?

El temor de Dios es el principio de la vida (v.1-3). Los adolescentes hebreos estaban en el desierto, acampando en tiendas. Como la vida era dura, estaban siempre recordando a Dios. Poco después, sin embargo, fueron a vivir en casas en una tierra en donde había leche y miel a voluntad. No necesitaban comer más mana sin sabor y tomar agua de lluvia. ¿Será que recordarían a Dios?

Cuando las cosas van de mal en peor, nos acordamos de Dios, oramos, hacemos ayunos, vigilias y promesas. Cuando las cosas mejoran, se nos acaba el tiempo... Por eso, en la nueva tierra Dios debería ser recordado y ser temido (v.2). Sus mandamientos deberían ser guardados. Temer a Dios no es morir de miedo de Él: es saber que Él es Señor.

El amor a Dios debe ser el primero de los amores (v.4,5). La recomendación es que amemos a Dios como nuestro primer amor. Las tres expresiones para el amor (*de todo corazón, con toda el alma* y *con todas las fuerzas*) repiten la misma idea. Nuestro amor a Dios debe ser semejante al amor apasionado en el cual colocamos todo nuestro ser. Queremos estar juntos. Queremos hacer su voluntad. No ser correspondido es como perder el sentido de vivir. ¿Amamos así a Dios? Él nos ama así y quiere de nosotros la misma intensidad.

Los valores deben ser cultivados (v.6-9). Los padres deben vivir los valores que quieren enseñar a sus hijos (v.6). Ellos los comunicarán más por las actitudes que por las palabras. El padre enseña que debemos decir la verdad, pero manda a decir que no está cuando suena el teléfono... La verdad no está en su corazón, solo en su boca.

En una interpretación para los días de hoy, el consejo (v.7-9) podría decir así: "Hablen diariamente de los principios divinos para la vida, estando en la casa o viajando de vacaciones. Aprovechen las oportunidades en que estén juntos. Tengan en casa adhesivos sobre el amor de Dios. Coloquen placas en los cuartos y en la puerta de la nevera. Hagan de su casa un ambiente propicio para recordar a Dios".

No se debe descartar a Dios (v.12-15). En la familia y fuera de ella, hay una invitación permanente para dejar a Dios a un lado.

Cuando las cosas están difíciles, contamos con Dios. Cuando las cosas están bajo control, contamos con nosotros mismos. Cuando todo dentro de la familia va mal, todos se reúnen para orar por el(los) problema(s). Cuando la tempestad pasa, si acaso, cada uno ora en su esquina. Cuando la familia lanza a Dios para el lateral del campo, vivirá sus propios valores. Ocurre que nuestra lucha en este mundo es en contra de adversarios más fuertes que nosotros. Necesitamos de la armadura de guerra de Dios. Con Él, venceremos. Sin Él, ya perdimos. Es una cuestión de elección, y muchos estamos escogiendo luchar con nuestras propias fuerzas. Solo para perder.

Perece que el texto no tiene nada que ver con nosotros. Todos seguimos a Dios. Todos le oramos a Él, para agradecer o para pedir. Todos alabamos y servimos a Dios. No obstante, toda esa obediencia puede ser pura fachada. Muchas veces decimos que son cristianos algunos valores que no son cristianos. Esa es una forma de descartar a Dios.

No vale la pena olvidar la misericordia de Dios (v.10,11, 20-23). En la familia y fuera de ella, somos invitados a pensar que nuestras victorias son consecuencia de nuestra inteligencia y fuerza.

La misericordia de Dios es la causa de nuestra felicidad; sin ella, la destrucción es segura (Lam 3:22). La historia del pueblo de Israel deja eso bien claro. Cuando entraron en la tierra prometida, comenzando por Jericó, recibieron ciudades para vivir, ciudades que no construyeron (v.10). Además de eso, recogieron en donde no plantaron y bebieron agua de pozos que no cavaron (v.11).

Nuestras familias también han experimentado victorias dadas por Dios. ¿Será que nos acordamos de eso siempre? No se debe transformar a Dios en un siervo (v.16). En la familia y fuera de ella, somos invitados a considerar a Dios como uno de nuestros siervos, como si fuera un diosito hecho a nuestra imagen y semejanza y según nuestros deseos y caprichos.

El autor Bíblico pide que el pueblo de Israel no cometa el mismo error que cometió en Masah, algunos años antes. En aquella época, en el desierto, les faltó agua (Éx 17:1-7). Ellos desafiaron a Dios. Primero, exigieron agua. Ellos no oraron, pidiendo. Ellos exigieron (v.2). Hay algunos predicadores por ahí que enseñan estas tonterías a la gente, diciendo que la felicidad es nuestro derecho y que solo se necesita declarar la bendición, que ella vendrá.

Después, los hebreos cuestionaron la presencia de Dios entre ellos (v.7). Ellos dudaron que el mismo Dios que los sacó de una forma sensacional de la esclavitud de Egipto (Dt 6:12), estuviera con ellos. Muchos "creyentes" solo "creen" en Dios, cuando el tiempo es de sombra y agua fresca. Es solo que venga el sol fuerte y el agua salga tibia para que la fe se vuelva a congelar. La recomendación Bíblica es seguir otros patrones y no estos de los hijos de Israel en Masah.

Obedecer es bueno (v.17). Todos los capítulos repiten que las familias de Israel deberían guardar los mandamientos dejados por Dios. La condición para la felicidad es la obediencia a esos mandamientos. La consecuencia de quien obedece es tener su

El placer y la responsabilidad

vida a salvo. Vea que linda verdad: Dios quiere "nuestro bienestar en todo tiempo" (v.24).

Buscar la justicia es muy bueno (v.18). Somos animados a practicar lo que es recto y lo que es bueno. En la Biblia, la justicia y la bondad no son conceptos vacíos; son prácticas completas. En la Biblia, practicar la justicia y la bondad no es solo vivir correctamente para uno mismo; más que eso, es la búsqueda del bienestar de los pobres (Dt 15:7), especialmente niños, viudas y extranjeros.

Recordar también es bueno (v.20-23). En este texto, los padres son alentados a dar respuestas correctas a las preguntas de sus hijos. Hasta podemos actualizar el diálogo Bíblico a los padres e hijos de hoy:

– Papa, ¿por qué Dios se preocupa por nosotros?

– Hijo, Dios siempre se preocupa por nosotros. Tu aún no habías nacido y el ya cuidaba de ti. Fue Él que te trajo a nosotros. Todos los días sentimos su amor por nosotros, nos libra del peligro, nos muestra el camino, nos sostiene de la mano. ¡Hijo, la misericordia de Dios es simplemente maravillosa!

Debemos actuar según los valores que tenemos dentro de nosotros. El mayor valor es el temor a Dios. Temer a Dios y vivir creyendo en esta verdad. Es vivir disfrutando al creer en esta verdad. Es tener el placer de tener a ese Dios como Señor en todas las áreas de nuestras vidas.

Solo así desarrollaremos la verdadera sabiduría y solo así entenderemos los principios de Dios para nuestra vida en familia.

La condición básica para la felicidad es temer a Dios, que no debe ser nunca descartado en las buenas horas y apenas recordado en los malos tiempos. Por más felices que sean esos caminos, necesitamos caminar lejos de ellos. Ellos nos llevan al vacío. Cada uno debe esforzarse para vivir los valores de Dios, que son permanentes, y conducen a la felicidad. El placer es de todos. La responsabilidad también.

8
Los cuatro pilares de la vida en familia

LAS FAMILIAS SIEMPRE ESTÁN PASANDO POR CAMBIOS, que van definiendo nuevos papeles para sus miembros. La madre por ejemplo, un día era solo madre, ahora convive con el papel de proveedora, antes exclusivo del padre. El hijo, por ejemplo, un día no tenía interés, ahora tiene el derecho de escoger a su cónyuge y hasta su profesión.

El concepto de familia se va ampliando delante de las separaciones y de los nuevos matrimonios. No se habla más de medio hermano, sino apenas hermano. Los abuelos cada vez son más padres. Hay familias compuestas por hijos y madre o por hijos y padre. La desenfrenada lucha por la sobrevivencia, impuesta por la llamada civilización moderna, va convirtiendo la imagen de una familia reunida, alrededor de la Biblia o alrededor del televisor, solo en una pose para la foto.

No obstante, antiguas y nuevas familias surgen cada día. Para todas ellas la Biblia da orientaciones completas y perfectas, porque son atemporales.

El mito de la familia perfecta

Los pilares que sostienen a una familia son los mismos de Adán, Eva, Caín, Abel y sus demás hermanos. Esos pilares, cuando están firmes, sostienen a las familia; cuando, son débiles, colocan sus miembros a la deriva.

A partir de algunas historias de familias en la Biblia, quiero enunciar cuatro de estos pilares. Todos ellos se organizan alrededor de la idea de la mutualidad, porque la familia es precisamente el lugar de convivencia.

El primer pilar de la familia es el interés mutuo. Todos nosotros somos suficientemente egoístas para interesarnos primero por nuestro propio bienestar. El parentesco, no obstante, nos empuja hacia a fuera de nosotros mismos, llevándonos a interesarnos por el bienestar de nuestros parientes. Es así, por ejemplo, que toda madre busca el bienestar de sus hijos, que siempre velan por el bienestar de su madre.

Aun cuando las relaciones son tensas, por alguna razón, principalmente por la gravedad del individualismo, cuando alguien de nuestra "sangre" (hijo, nieto, padre, madre, hermano) está en dificultades, nosotros nos movemos en su dirección como si la "sangre" hablara más alto.

Este pilar está bien ilustrado por la historia de Moisés y su familia. Él fue salvado de la muerte por el interés de su madre para preservarlo de la ira del faraón. Él fue sacado de las aguas, en donde su cuna flotaba, por el interés de su hermana, Miriam. Ya adulto, él pudo enfrentar al dueño de Egipto gracias a la habilidad retórica de su hermano Aarón. Él pudo cumplir la misión que Dios le dio gracias a la comprensión de su esposa Siporá, que cuidó sola de los hijos de los dos en el exilio.

Hubo muchos problemas entre ellos, como entre nosotros y en nuestras familias. Miriam, un día, se rebeló en contra de su hermano. Los hijos de Aarón acabaron sucumbiendo delante del incontenible deseo de poder. Siporá, un día, se irritó por el desinterés de Moisés por sus hijos y los lanzó a sus pies, cansada. La parte feliz de la familia de Moisés no puede esconder su lado sombrío.

Los cuatro pilares de la vida en familia

Esta doble cara, pero verdadera, tiene mucho que enseñarnos.

Su principal enseñanza es esta: para que sea un pilar de la familia, el interés tiene que ser mutuo. También en la familia, nosotros necesitamos aprender que la mutualidad del interés no es algo natural.

Aunque haga parte de la cultura, el interés tiene que nacer de una fuente espiritual, del espíritu que habita en nosotros. De lo contrario, las decepciones, van generando amargura, a veces incurable, volviéndonos cada vez más egoístas, interesados ¡sí!, pero solo en nosotros mismos. Cuando esto pasa, los miembros de la familia empiezan a caminar en la calle de la soledad.

Uno de los principales enemigos del pilar del interés mutuo es el sentimiento de la justicia propia. El llamado hijo pródigo, por ejemplo, no merecía una recepción... a los ojos de la justicia. Su hermano mayor, lleno de amargura en el corazón, no percibió lo que su padre sintió: su hermano era un muerto que revivía, un perdido que fue encontrado. El, entonces, solo pensó en su bienestar, en lo que iría a perder injustamente, nunca en el bienestar de su hermano, que regreso a la vida.

Si queremos tener una vida familiar que valga la pena, busquemos interesarnos unos por los otros. Los hijos, por ejemplo, tienden a pensar que la vida les pertenece y que a los padres nada les pertenece. Este es un error que debemos corregir. Pequeños gestos traen alegría a los padres. Si, por ejemplo, perforar la oreja de un cierto modo va a traer tristeza a los padres, ¿por qué hacerlo? Para nada. Bien harán los hijos que, antes de tomar un camino, piensen en el bienestar o en el malestar que sus decisiones podrán atraer.

El mismo cuidado se aplica a los padres, que, muchas veces, crean problemas por cosas demasiado pequeñas, olvidando el bienestar presente de los hijos.

Cuando hay interés mutuo, es más fácil renunciar a algunas cosas que nos parecen tan deseadas, pero no tienen el valor que les atribuimos, lo cual solo descubrimos cuando renunciamos a ellas...

El segundo pilar de la familia es el respeto mutuo. El padre del llamado hijo pródigo es un ejemplo de alguien capaz de respetar las decisiones de sus hijos, aunque, a mi parecer, equivocadas.

Cuando el menor quiso repartir anticipadamente la herencia, el aceptó. Cuando el muchacho quiso ganar el polvo de las calles, lo único que hizo fue mirar con añoranza a lo lejos.

La primera lección que una pareja aprender es precisamente la del respeto a las diferencias. Todos nos casamos porque somos diferentes uno del otro. Sin embargo, con el tiempo, esas diferencias que nos atraían se convierten en mares que nos separan. Nosotros necesitamos cultivar las diferencias como marido y mujer.

La lección requiere ser aprendida por padres e hijos. Ellos tienen visiones diferentes acerca de política, vocación y profesión. Hoy uno de los puntos de tensión entre padres e hijos es la elección de la profesión de los jóvenes.

¿Sabiendo que aquella profesión no va a funcionar para su hijo, el padre tiene el derecho de interferir? ¿El respeto por la diferencia puede ser colocado por encima de las dimensiones prácticas de la vida?

Un día de estos, un padre de tres hijas me contó las elecciones de cada una de ellas. La menor era excelente en lengua portuguesa, como su padre. Todos pensaron que su camino sería en la enseñanza de la lengua o alguna cosa semejante. Ella decidió hacer un examen de admisión para estudiar matemáticas. Su padre le dijo:

- ¿Es eso lo que tú quieres hija?

Y fue con ella a hacer la inscripción en el examen. Ella estudio y terminó su curso de matemáticas. Encontró empleo en el área de estadística. Hoy es responsable por hacer la revisión de los textos en su departamento...

Los cuatro pilares de la vida en familia

El respeto a las elecciones personales no significa que no pueda guiar a sus hijos, decirles que, en teoría, la profesión deseada cuenta con tales y tales características. El respeto a los hijos significa que los padres no tiene el derecho a imponer sus elecciones a los hijos. El respeto a sus padres significa que los hijos deben oír a sus padres.

Ciertamente el padre del hijo pródigo hizo todo para que el joven no tomara aquel camino. Su actitud de respeto no solo permitió su partida sino que esperó, deseó y festejó su regreso.

El tercer pilar de la familia es el cariño mutuo. Comienzo por recordar que son las relaciones, no las cosas que valen; son las acciones, no las palabras, lo que cuenta.

Lo que importa en la vida no son las condiciones materiales, pero si las relaciones personales. Desde temprano, aún en el vientre materno, percibimos que somos alimentados por el cuidado, que se expresa a través del cariño, hecho de contacto, sonrisas, besos y abrazos. Nosotros nos entendemos mejor cuando miramos a un niño. ¿Qué es lo que más les gusta? El cariño de su madre, de su padre y de los otros, especialmente cuando este cariño es acompañado de un regalo..., que también es una forma de comunicación por sí mismo. Veamos a los ancianos: ¿qué quieren ellos? cariño de sus hijos, de los nietos, de otros. Ellos quieren ser oídos, abrazados, recibir una sonrisa...

Hay algunos de nosotros que nos olvidamos que fuimos niños y que, si Dios lo permite, seremos ancianos. Ese olvido hace de nosotros personas serias y aburridas, que sólo hablan de trabajo y de problemas, que solo corren para ganar dinero y posiciones, olvidando que nacimos para dar y recibir afecto.

Yo ilustro esta verdad con una experiencia personal. Los hijos guardan recuerdos que no son los mismos de los padres.

Del mío yo guardo, entre otros, una escena lejana. Ya joven, yo no vivía más en casa con mis padres. En las vacaciones, yo pasaba todo el día leyendo en el balcón. De repente, yo me vi sentado en la cama de mi padre conversando sobre varios asuntos. Yo no sé bien sobre qué, pero todos los días me viene a la memoria esta dulce escena. Fue aquel encuentro el que tuvo importancia.

Yo también recuerdo reacciones de él totalmente contrarias a sus normas. Cuando yo era adolescente, yo derrumbé el muro de nuestra casa intentando aprender a manejar. Él estaba viajando. Pase días de sufrimiento. Cuando él llegó, me reprendió suavemente y prometió enseñarme a manejar.

Cuando ya estaba joven, yo los remplazaba en el programa de radio que nuestra iglesia tenía. Un día, antes de nuestro programa, un farsante prometía consejos a cambio de dinero en un sobre. Cambié el tema del mensaje y critiqué a los que engañan al pueblo. El director de la radio salió, me siguió y me garantizo que el programa quedaría fuera del aire mientras no nos retractáramos. Cuando mi padre regresó, yo le conté la historia, preocupado. Su reacción fue:

- ¿Tu dijiste alguna mentira?
- No
- Entonces, no tenemos de qué retractarnos

Y el programa quedó fuera del aire.

Estoy hablando de actitudes que solo más tarde pude percibir como cariño. Además de las actitudes coherentes, firmes y correctas, nosotros, padres, necesitamos demostrar cariño con actitudes, pero también con palabras y hechos. Las actitudes son esenciales, pero las palabras y los hechos son sus formas de comunicación.

Hay padres demasiado secos. Y esto es una tontería. Hay padres que no besan a sus hijos. Y esto hace una falta enorme. Hay padres que no conversan de igual para igual con sus hijos, exigiendo un respeto completamente hipócrita.

Los padres, no solo las madres, necesitan ser un poco más cariñosos, no importa la edad de los niños. Nuestra sociedad parece haber dividido el cariño: el cariño explícito es para las madres; el cariño secreto es para los padres. Hay padres que creen en esta falsedad.

Hay hijos demasiado secos. Hay hijos que parecen avergonzados del padre o de la madre que tienen. En público, se comportan como si no se conocieran cuando deberían abrazarse, sentarse juntos y disfrutarse públicamente. Existen padres e hijos con miedo de pasar una vergüenza. En la Biblia, tenemos la historia de Ana, que no tuvo vergüenza de parecer ridícula por su hijo, en varios episodios. Su oración por el embarazo es una de las más conmovedoras de las Escrituras, porque fue regada con lágrimas y suspiros. Cuando el niño comenzó a servir en el templo, periódicamente ella le llevaba una túnica nueva. No tenía vergüenza de traerle el regalo y entregárselo públicamente, ni el hijo tenía vergüenza de recibir públicamente la túnica de su entregada madre.

Yo me siento motivado a recordarles el simple pilar del cariño al leer la siguiente declaración de Julián Lennon, hijo del beatle John Lennon: "Mi padre siempre habló de paz y amor, pero este amor nunca llegó a mí".

El cuarto pilar de la vida en familia es el aprendizaje mutuo. La familia es la más grande escuela del mundo, escuela abierta, escuela libre, escuela informal, pero escuela. La verdadera educación es aquella en que el profesor es alumno y el alumno es profesor. El verdadero profesor no es profesor; está como profesor. El verdadero alumno no es, está como alumno.

Les corresponde a los padres enseñar principios a los hijos, especialmente a tomar a Dios en serio.

Aquí, sin embargo, necesito corregirme. La verdad, los padres enseñan principios a los hijos siempre. La cuestión, por lo tanto, es saber: ¿qué clase de principios están enseñando? Con palabras y actitudes, los padres enseñan; cuando hay una diferencia entre las palabras y las actitudes, los hijos se quedan con las actitudes, actitudes que contienen principios, que pueden ser verdaderos, pero también mentirosos; de altruismo, pero también de egoísmo; de amor a Dios, pero también de negligencia con Él.

El mito de la familia perfecta

Los padres necesitan creer en los principios que enseñan. Ellos necesitan creer que, si enseñan mentira, posiblemente es lo que *van a ver* en las vidas de sus hijos.; si enseñan amor a Dios y al prójimo, es posible que sus hijos practiquen este principio a lo largo de sus existencias.

Aquí les traigo la historia de Manasés (2 Cr 33; 2 R 21). Ezequías le inculcó principios correctos, pero su hijo se apartó, haciendo cosas abominables delante de Dios y llevando al pueblo a hacer lo mismo.

Frente a las acciones de Manasés, la pregunta que demanda respuesta es: ¿En qué falló Ezequías? En la formación de su hijo, ¿en qué parte Ezequías no cumplió? ¿En qué podemos estar fallando? ¿Qué parte no estamos cumpliendo?

Aunque supusiéramos que Manasés fue completamente responsable - y lo fue - a sus elecciones, sugiero, a partir de la imaginación y de la indiferencia, que Ezequías falló como padre en cuatro aspectos.

La falta de límites a los deseos de su hijo - Mi primera inferencia es que Ezequías no dio limites a su hijo. El chico era hijo de la vejez, nacido después de que Dios curó a Ezequías le dio 15 años más de vida. Él tenía mucho que hacer en esta etapa de su existencia. En este periodo, cometió aciertos y errores. Uno de ellos, en el plano de la indiferencia, fue no dar límites a Manasés. Imagino que Ezequías nunca tuvo que decir "no" a su hijo de su vejez, Así, criado como un príncipe, fue educado para mandar, no para obedecer.

Quién no aprendió a obedecer no sabe cómo mandar. Manases vivió su vida en la presencia de un padre ausente que tal vez le dio cariño en los intervalos de sus realizaciones gubernamentales.

No obstante, Ezequías no le enseño a su hijo que la vida está hecha de elecciones. Escoger un camino significa renunciar a otro camino.

La educación autoritaria, recibida por los padres de hoy de los padres de ayer, lleva a muchos al miedo de poner límites. La represión en el pasado acaba produciendo contradictoriamente en el presente una educación de fronteras siempre móviles, esto es, sin fronteras, sin límites. Todo padre no puede olvidar que quién escoge no escoger se vuelve inseguro. Una persona insegura hace todo para agradar a los demás. Jamás tienen la seguridad de escoger. El miedo de Manases lo llevó a escoger las elecciones de su pueblo, y su pueblo quería el paganismo, la idolatría, la corrupción y la injusticia.

Después del fracaso de la cultura de "es prohibido prohibir", nuestra sociedad clama por límites. Nuestros hijos claman por límites. Colocar límites no significa no dar cariño. El límite es una dimensión del afecto. Quien verdaderamente ama es aquel que establece límites a su amado. Es como estos límites, de tela con "si" y "no", que los niños van a pasar en sus caminos, con los padres presentes o ausentes.

La falta de participación en la de vida de los hijos - me atrevo a decir que Ezequías tercerizó la educación del carácter de su hijo. Dice 2 Reyes 21.1 que su madre se llamaba Hepsiba. De esta información que aparece en el contexto de pocos monarcas de Israel, deduzco, con alguna libertad, que el rey dejó a la reina madre la tarea de educar al hijo de los dos. Tal vez sea por eso que su nombre aparezca en la historia de los reyes israelitas.

Hasta es posible que, además de la esposa, los sacerdotes y maestros del templo y del palacio hayan tenido un papel decisivo en la formación del muchacho. Esta sería una tercerización aún más grave y pudo haber ocurrido.

Estamos hablando de Ezequías, y, al mismo tiempo, de los padres contemporáneos. La escuela y la iglesia terminan recibiendo un papel que no tienen como desempeñar. El tiempo que se gasta en la escuela y en la iglesia es diminutamente inferior al que se gasta en la calle y en la casa. Además de eso, en la escuela y en la iglesia la educación tiende más hacia lo formal y hacia lo grupal, con poco espacio para lo individual, para los encuentros cara a cara, como es típico de la relación padre e hijo, hermano y hermanos. Solo el hogar puede formar verdaderamente para los principios. Escuela e iglesia, a lo máximo, los refuerzan, cuando no los deforman. Se engaña el padre que terceriza su compromiso intransferible.

Formar y participar. Sean cuales fueran las circunstancias. A pesar de la falta de prioridades correctas - Rey por 29 años, Ezequías hizo mucho. Entre sus obras, está la transposición de las aguas en Guijón, hasta hoy un desafío para la ingeniería. Estos triunfos destacan que él era una persona excesivamente ocupada con su trabajo.

Si viviera hoy, tal vez sería aquel padre que llega a la casa tarde, ya cansado. Si no cenó, se alimenta y se sienta en frente del televisor para relajarse de las tensiones del día. Callado, entró; callado, continua, hasta que el sueño lo derrumba.

Nuestra sociedad convierte el trabajo en el centro de la vida, no las relaciones personales, particularmente las familiares. Padres e hijos son víctimas de este modelo.

Cuando traje la historia de la familia de Hepsiba, lo hice para mostrar que los problemas son comunes. El dilema es real, porque, también siguiendo los estudios, la renta familiar es un factor importante en el desarrollo integral de los niños. Además de esto, muchas veces los padres no tienen elección. Tal vez Hepsiba y Ezequías no tenían elección.

No obstante, si lo padres tienen elección, busquen hacer la elección correcta. Hasta cuando no pueden escoger, insistan en buscar recursos para la familia, pero insistan con el mismo empeño, en demostrar afecto a sus hijos, participando de sus vidas.

Estas historias y los datos de los estudios recientes son una invitación a aquellos que no se encuentran dentro de esta galería para "disfrutar" más a sus hijos.

Necesito recordar a las madres que ellas no necesitan sentirse culpables por no trabajar fuera. Durante algún tiempo la sociedad ejerció una presión muy fuerte sobre las mujeres, considerando como modernas apenas aquellas que trabajaran fuera de casa. Esta dictadura no tiene sentido. Ser solo madre es tan noble como ser, al mismo tiempo, madre y profesional.

Los padres, a veces, se angustian con los caminos que los hijos toman, caminos en los cuales no fueron educados, caminos que no les desearon. Los padres tienden a sentir culpa, pero no les pertenece. Los padres no pueden olvidar que sus hijos tienen proyectos propios, sobre todo porque los criaron para esto, por más que los padres se asusten cuando ellos asumen sus proyectos. Es bueno recordarnos que educar no es fabricar pan, en donde se colocan los ingredientes y sale un pan tal como fue previsto. ¡No! Los padres no son panaderos y los hijos no son masa o levadura. La misma "educación" que los padres dan a los hijos "produce" hijos diferentes entre sí, a veces radicalmente diferentes. La educación, por lo tanto, es un factor y no es el único factor.

Eso no nos debe eximir de educar; por el contrario, aumenta nuestra responsabilidad, pero nos debe quitar el sentimiento de culpa de cuando el pan sale sin sal, aunque hayamos colocado sal. Son varios factores que nos constituyen como persona.

De igual modo, el marido no tiene necesariamente culpa si la esposa lo dejó o viceversa. Cada uno puede actuar independientemente de la voluntad del otro o de las acciones del otro.

Nosotros no podemos cambiar el pasado. Si alguna cosa salió mal, no podemos hacer nada más en relación al pasado. ¿Digo eso para sacar de mí, como padre y como esposo, culpas que a veces me quedan? ¡No! Digo esto, no para eximirnos de responsabilidades, sino para aumentarlas.

Las elecciones apresuradas - La cuarta conclusión no viene de un error de Exequias, sino de una circunstancia socialmente dada. Manasés comenzó a gobernar con 12 años de edad. Con la muerte del padre él tuvo que asumir el trono, pero, ¿qué sabía el de la vida? Frente a una responsabilidad tan grande y tan anticipada, Manasés, como se dice en el lenguaje cotidiano, no tuvo tiempo de ser niño.

La lucha por la sobrevivencia también ha llevado a muchos adolescentes a tomar papeles que no deberían ser suyos. Merecen elogios los programas públicos de estímulo a la escolarización, como el de Bolsa – Escola (subsidio escolar). En la medida de lo posible, dejemos que nuestros niños y nuestros adolescentes se queden en la escuela.

Por cierto, además de profesionalización temprana, nuestro tiempo impulsa a la temprana sexualidad.

La búsqueda por nuevos consumidores ha llevado a la industria y al comercio a que, a través de los medios de comunicación masivos, se anticipe la entrada de las personas en el circuito de consumo. La ropa de los niños y sus bailes lo revelan.

Ezequías no pudo evitar la profesionalización temprana de su hijo, pero la sociedad necesita proteger a los niños y a los adolescentes.

No podemos decir, con seguridad, en que se equivocaron Ezequías y Hepsiba. Podemos decir, con absoluta seguridad, que Dios nos capacita para hacer lo que debemos. Esa debe ser nuestra esperanza.

También debemos tener en mente que, como se registra en la Biblia, un día Manasés se arrepintió y pidió perdón a Dios y paso a vivir una nueva vida. Los principios enseñados por Ezequías un día dieron fruto en el corazón de Manasés.

El consejo para los padres es obvio: ya que enseñan, reflexionen sobre el que y el cómo enseñar. Si enseñan con coherencia, descansen y esperen. Ustedes ya hicieron su parte.

Volviendo al tema de la mutualidad en el aprendizaje, lo(a) invito a una reflexión a partir de nuestras experiencias contemporáneas. He visto hijos enseñando a los padres a vivir. Se trata de una enseñanza por caminos quebrados, pero aun así enseñan. Los errores de los hijos les enseñan a los padres, rigurosos y legalistas, un día serán comprensivos y más tarde tolerantes. En el plano de la iglesia, cuantos padres son los primeros en apuntar los dedos para los hijos de los otros, antes de ver a sus propios hijos haciendo las elecciones que condenan en los otros. Si, los hijos les enseñan a los padres a ser más tolerantes, más amorosos, menos malhumorados, menos santurrones. Muchos padres tuvieron que aprender a ser personas comprensivas por medio del dolor... infringido por sus hijos.

Hay otro tipo de enseñanza por parte de los hijos. Los padres pueden aprender con ellos no solo a manejar los aparatos con nuevas tecnologías (como el computador), sino también a comprender el nuevo sentido del mundo. Por el dialogo, padres e hijos pueden entender mejor el mundo y participar en la tarea de cambiarlo.

9
El espacio de la inteligencia emocional

La familia debe ser el hogar de la sabiduría.

No es posible acertar siempre, pero estamos siempre intentando tomar decisiones correctas en el momento correcto. Por eso, nos lamentamos mucho cuando descubrimos que escogimos mal. El descubrimiento del error no resuelve los problemas, ya que no podemos volver en el tiempo y arreglar el pasado. Lo que está hecho, hecho está.

Necesitamos sabiduría para decidir. La "X" de la pregunta es cómo adquirir esa sabiduría. Un adolescente, cierta vez, creyó que, si leía el libro de proverbios, aumentaría su CI (Coeficiente Intelectual - índice usado para medir la inteligencia de las personas). De un tiempo para acá, se ha hablado más de CE (Coeficiente Emocional), que mide la madurez emocional de las personas. El adolescente olvidó el resto de la Biblia y se concentró en solo uno de los libros. El muchacho no llegó a ningún lugar. No hagamos lo mismo que él.

Hay dos tipos de sabiduría. La sabiduría intelectual, que se adquiere con mucha aplicación a los estudios.

Y existe la sabiduría de la vida, que se adquiere por la observación. Por la inteligencia y por la dependencia de Dios.

Un lugar privilegiado

La familia es el lugar en donde la sabiduría se desenvuelve. La sabiduría intelectual es indispensable en la carrera profesional y contribuye para que usted sepa más al respecto de mundo de lo que sabía Aristóteles (384-322 a.C.), uno del os mayores filósofos y científicos de todos los tiempos.

Cada vez más, la información lo es todo. Los padres están cubiertos de razón cuando invierten en la educación de sus hijos, sea en términos de gastos financieros con los mejores colegios, sea en términos de atención, acompañando sus hijos en las actividades escolares.

Todos aquellos que pueden estudiar deben esforzarse al máximo. La oportunidad en la vida puede ser un río que pasa. Quien no la tiene debe fabricarla. Si, para quien estudia, la vida está difícil, imagine para quien no estudia.

La sabiduría es indispensable. Hay un segundo tipo de sabiduría igualmente indispensable. Es la sabiduría de la vida, que no tiene nada que ver con asientos escolares. En este sentido, una persona puede ser sabia y analfabeta, al mismo tiempo. Esa sabiduría se adquiere por la observación y por la inteligencia natural.

Nosotros, cristianos, creemos que Dios nos ayuda a adquirirla. La Biblia contiene una sabiduría de milenios. Cuanto más pasa el tiempo, más profunda y actual es su sabiduría. La familia necesita instruirse en estos dos tipos de sabiduría, para que sus miembros puedan crecer como Jesús: en desarrollo físico, en conocimiento intelectual y en madurez espiritual (Lc 3:52). Esas tres dimensiones deben estar siempre juntas. Un cuerpo atlético con una mente vacía es una humillación. Un cuerpo atlético con una mente aplicada, pero con una espiritualidad pobre, no sirve para nada (1 Tim 4:8).

El espacio de la inteligencia emocional

La búsqueda de esta sabiduría es tarea de todos: de padres e hijos. Los hijos no deben quedarse pasivos esperando la instrucción de sus padres. Ellos también deben ir a la Biblia, la mayor enciclopedia, para beber de su sabiduría.

La sabiduría en dejarse corregir

Todo el libro de Proverbios es una invitación a la sabiduría. El capítulo 3 es uno de los más directos sobre el asunto. Para el autor, la sabiduría se desarrolla. La condición es que la persona se deje disciplinar (Pr 3:1-12). Con esta disposición, se puede alcanzar tres tipos de sabiduría: la vivencial, la intelectual y la de convivencia. A nadie le gusta oír que está equivocado. A un autor no le gusta escuchar que su texto no está bien escrito. A un pastor no le gusta saber que su sermón no fue la gran cosa. Un hijo corregido por el padre tiende a pensar que fue injustificado. En el fondo, la mayoría de los hijos se creen sabios a sus propios ojos.

Por eso, quién tiene un padre que lo corrige debe dar gracias a Dios. El hijo que tiene un padre que no lo corrige debe estar preocupado, pues tiene un padre indiferente.

El consejo Bíblico es claro: hijo, déjese disciplinar. El libro de Proverbios es un libro de sabiduría por varias razones: una de ellas es la insistencia que le pone a la disciplina. A toda hora, viene la recomendación: *hijo, oye mis instrucciones*.

La Biblia habla de instrucción y disciplina. La instrucción es preventiva, presentando las enseñanzas que deben ser seguidas. La disciplina es correctiva, indicándonos el error cometido. Ambas son dimensiones de una misma realidad.

Aceptando la disciplina (v.1,2,8)

La consecuencia práctica de aceptar la disciplina es la felicidad. Bienaventurado aquel que acepta ser disciplinado por personas con más experiencia.

En el crudo lenguaje Bíblico, el beneficio de aceptar la disciplina es una larga vida, en cantidad y calidad. Quién no sabe oír consejos vive dándose cabezazos, vive cometiendo errores que otros ya cometieron. Cuando se viaja por una carretera, hay muchas placas de aviso con relación al límite de velocidad permitido. El conductor que no sigue las instrucciones puede ser atrapado por un radar y ser disciplinado con una multa por el exceso de velocidad.

Es así en la vida. Quien quiera ser feliz no puede olvidar las instrucciones que están en la Biblia. Quién las sigue vivirá de un modo indigno. La aceptación de la disciplina genera salud y refrigerio.

Hoy se habla mucho de una vida integral, en la cual el cuerpo y la mente interactúan. La enfermedad de uno ataca al otro. El autor bíblico ya sabía de eso. Por esto, habla de un cuerpo bendecido y de una mente descansada por la disciplina.

Como una ropa (v.3,4)

Las instrucciones máximas de la Biblia son la bondad y la fidelidad. La bondad está asociada a las relaciones con los semejantes. La fidelidad es la actitud que debemos a Dios. El libro de Proverbios pide que vivamos de tal modo esos valores, como si ellos estuvieran amarrados a nuestro cuerpo, como si fueran un pantalón o una camisa. Vivir de ese modo es algo personal y natural. No necesitamos hacer fuerza para vivir según esos valores, porque ellos son parte de nuestras vidas.

Debemos tomar las virtudes de la bondad y la fidelidad y colocarlas en el cuello como si fueran un collar. La imagen poética siguiente es aún más fuerte: no basta atarlas al cuello: es mejor escribirlas en las tablas del corazón, esto es, dentro de nosotros mismos. Ellas deben estar en la sangre que el corazón bombea para el resto del cuerpo.

Quién actúa de este modo es reconocido como una persona digna tanto por los hombres como por el mismo Dios.

El verdadero eje (v.5-7)

Dios es el tronco, nosotros somos las ramas del árbol. El gran problema del hombre, desde el Edén, es creer que puede descartar a Dios. Por eso, el consejo es repetido. Primero, aparece: *no te fíes de tu propio entendimiento*. Esto quiere decir: no piense que usted es lo máximo y puede superar sus propios patrones. Después, la Biblia es aún más directa: *No seas sabio en tu propia opinión*. Cuando crea que aún es muy sabio, mire hacia la sabiduría de Dios. Intenté responder a las preguntas que Job no pudo. No confíe en usted mismo; confíe en Dios. Esta es la síntesis del libro de proverbios, que presenta una promesa con base en la realidad: viva los valores de Dios y su vida será corregida en aquello que está mal. La expresión *reconózcalo en todos sus caminos* quiere decir lo mismo que Eclesiastés 12:1: *Acuérdate de tu Creador en los días de tu juventud*. Significa vivir en la presencia de Dios y verlo como compañía en las situaciones de cada día. Quién vive así podrá perder el camino, pero Dios hará que lo encuentre de nuevo.

La disciplina de contribuir (v.9,10)

De repente, el texto empieza a hablar de dinero, destacando el valor de la contribución financiera para los programas de Dios que hoy la iglesia de Cristo dirige en la tierra. ¿Qué tiene que ver una cosa con la otra?

¡Tiene, todo que ver! El autor sabe que, muchas veces, es más fácil convertir el corazón que convertir el bolsillo. Estamos siempre apretados financieramente y, si no somos disciplinados, jamás contribuiremos. La práctica dice que dejamos siempre para el mes que viene, cuando las cosas van a mejorar para nosotros. Y así, las cosas van pasando.

Solo contribuye en la iglesia quién se autodisciplina para hacerlo. En el texto Bíblico, la instrucción de la contribución viene también como una recompensa. No habrá faltantes para quien saca un poco y lo coloca a disposición de Dios. Habrá abundancia, pero no es la promesa lo que debe incentivar la contribución. Es el placer de honrar a Dios con los bienes que Él colocó a nuestra disposición.

El amor en la corrección (v.11,12)
El motivo de la corrección es el amor. Dios nos reprende y corrige porque nos ama. Si no fuera así, dejaría las cosas correr sueltas. Como quiere nuestro bienestar, nos atrae para adentro del camino, nos atrae en su dirección.

Primero, el autor pide que no rechacemos la disciplina. Parece un consejo innecesario, porque ninguno de nosotros despreciaría la disciplina divina. Ella siempre será bienvenida. El problema es que puede ser bienvenida apenas en nuestras palabras, cuando en la práctica hacemos lo que bien nos parece. Hacemos de cuenta que oímos a Dios y continuamos oyéndonos a nosotros mismos.

Después, el autor pide que no tengamos disgusto por la represión divina. Nuevamente: ¿quién hará una cosa de esas? De boca, nadie. En la práctica, sin embargo...

La recomendación final es una prueba de que la disciplina es igual que una prueba de amor.

La sabiduría de convivir – Proverbios 3:13-35
Una de las sabidurías más difíciles es la de convivir, especialmente en la familia en donde generalmente somos solo lo que somos. En esta búsqueda, la segunda parte de Proverbios puede ser de gran ayuda. Sabiendo vivir (vs.13-18,21,22). El elogio a la sabiduría comienza con el conocimiento vivencial, aquel que nos ayudan a tomar las decisiones de cada día. La familia es la escuela de este tipo de entendimiento, que se adquiere por la observación de la experiencia de otros. En el caso de los hijos, los padres son sus grandes ejemplos, para bien y para mal.

Es feliz el que posee este tipo de sabiduría (v.3). Tenerla es mejor que poseer mucho dinero (v.14,15). Nada se le compara (v.15). Quién es sabio es capaz de caminar y no tropezar, aunque el camino sea hecho de piedras. Todas sus relaciones son relaciones de paz (v.17). Su vida es una vida de calidad (v.6). Quién se acerca a una persona así recibe beneficios directos e indirectos (v.8). Esta es la verdadera joya que debe embellecer nuestros cuerpos (v.15 e 22). La familia debe empeñarse al máximo para que este tipo de sabiduría sea desarrollada dentro de ella y por ella. El ambiente debe proporcionar la observación permanente de las experiencias, la discusión respetuosa de las vivencias y el intercambio constante de ideas. Los hijos, por ejemplo, deben poner mucha atención a las historias que los padres y abuelos cuentan, tratando de sacar el máximo provecho de ellas.

Saber entender (v.19-20). A continuación, el autor habla de la sabiduría intelectual. Fue con ella que Dios hizo el mundo. Y con ella gobierna el mundo.

La familia debe disponer oportunidades para que todos crezcan en el conocimiento de las cosas. Toda casa debe tener una biblioteca, que va creciendo en la medida de los recursos. Los libros deben ser leídos y discutidos. Por eso, póngase feliz cuando gane un libro en vez de un juguete o ropa. Estudiar es absolutamente indispensable. No hay edad para comenzar y no se termina nunca. Si sus padres pararon de estudiar para criarlos, anímelos a volver a la escuela o a los libros. Todos saldrán ganando. Si sus padres le exigen en los estudios, agradézcaselo.

No hay incompatibilidad entre fe y razón, entre ciencia y Biblia, entre inteligencia y oración. La familia necesita vivir esta verdad. Conviviendo con sabiduría (v.23-35). La sabiduría vivencial y la sabiduría intelectual deben tener como consecuencia la sabiduría en la convivencia. La verdadera sabiduría no convive con el miedo (v.23-26). La verdadera sabiduría no se contenta con la felicidad propia y busca también la de los demás. (v.27,28). El verdadero sabio no practica el mal premeditadamente y evita todo tipo de mal entendido (v.29,30). El verdadero sabio no tiene envidia del éxito de los impíos, porque la victoria

El mito de la familia perfecta

final es de aquellos que están con Dios (v.31-35). Lo importante es que su familia encuentre medios creativos para el crecimiento de todos en sabiduría y en el temor a Dios. Si ella está haciendo falta, haga su parte. El placer de Dios es que usted crezca en gracias delante de Él y delante de los hombres. Siga el ejemplo de Jesús, que, gracias a sus conocimientos, pudo conversar al mismo nivel con los profesores. No se conforme con la mediocridad espiritual. Sea usted el que educa a su familia también. La competencia es grande y no siempre hay tiempo para ese culto, que es una tarea para padres e hijos. Tome la iniciativa, siempre y cuando los padres fallen. Déjese disciplinar por sus padres, que actúan como Dios actúa con nosotros. Ellos quieren su bienestar. Eventualmente, ellos pueden hasta equivocarse, pero lo hacen con el interés de acertar. Nadie es lo suficientemente sabio para que no necesite ser instruido y corregido. La sabiduría debe ser buscada, desarrollada y cultivada en la familia. Si la familia no propicia un ambiente para el desarrollo de la sabiduría, difícilmente se podrá desenvolver en cualquier otro lugar. La sabiduría es un tesoro que todos, padres e hijos, deben buscar.

10
La vida como encuentro

No hay forma de no comunicarse.

La falta de comunicación es comunicación. El exceso de comunicación también lo es. Al final, como escribió Martin Buber, "toda vida verdadera es un encuentro".

En la familia pueden ocurrir las dos situaciones. A veces, las personas piden uno para el otro:

– ¡Habla, por favor!

Lo contrario puede ser cierto:

– ¡Calla un momento, por los menos!

¿Quién no ha participado de un diálogo de estos?

En uno de los casos, reina el silencio. En el otro, impera el exceso de palabras. La familia es el lugar en donde las personas se ayudan. Por eso, quién no habla necesita saber que, si no habla, nunca será ayudado y nunca ayudará. Quién habla demasiado necesita saber que, actuando así nunca será ayudo y nunca ayudará.

Tiempo de hablar

El sabio bíblico (Ec 3:1,7) enseña que hay tiempo para todo en la vida (v.1). Hay un momento propicio para cada uno de nuestros actos. Somos nosotros quienes decidimos cuando llega el momento para cada una de nuestras acciones.

El sabio Bíblico enseña también que hay un tiempo para hablar y uno para callar (v.7). La confusión entre esos momentos causa mucho daño en las relaciones, especialmente en las familiares. Este consejo se asocia con otro consejo: hay tiempo de rasgar, y tiempo de coser. Nuestras palabras tienen el poder de rasgar vidas, separando personas, y poder para coser, uniendo personas.

Sería bueno que actuáramos de forma que no nos arrepintiéramos de haber hablado, cuando deberíamos habernos quedado con la boca cerrada. Al final, una palabra en el momento correcto es como una porción de manzanas de oro en una bandeja de plata (Pr 26:11). Sería bueno que actuáramos de forma que no nos arrepintiéramos de habernos quedado callados, cuando deberíamos haver abierto nuestra boca, para dar una opinión, para ofrecer consuelo. Al final, la lengua del justo es una tienda de gran valor (Pr 10:20). En la familia, en donde tendemos a ser menos cuidadosos con las palabras, estas recomendaciones de sabiduría no pueden ser olvidadas.

Principios para la comunicación en la familia

La Biblia está llena de recomendaciones sobre el uso de las palabras. El libro de proverbios compara las palabras con las aguas. El sabio dice que ellas son como aguas profundas. (Pr 18:4). A partir de sus enseñanzas, podemos elaborar una lista de siete principios para la comunicación en la familia. La comunicación es una extensión de la persona (Pr 6:16-19). De cierto modo, una persona es lo que ella comunica. El sabio dice que Dios detesta siete cosas del comportamiento humano. La falta de humildad, la lengua mentirosa, la violencia en contra de los inocentes, la maquinación de maldad, la práctica del mal, el testimonio basado en la mentira y la siembra de discordia. La palabra es el principal medio de comunicación (Pr 18:4). Hablamos con el cuerpo, pero el medio principal para la comunicación es la palabra. Por eso, debemos tener mucho cuidado. Cuidado en el momento de hablar. Cuidado con el contenido de lo que hablamos. Debemos evitar el exceso de palabras, pero también la escases (Pr 25:11). Como enseña el sabio, hay una hora para hablar y una hora para callar. El cuidado con las palabras, no obstante, no debe llevar a las personas a no hablar nunca. Hablar demasiado no es virtud, pero no hablar tampoco lo es. Nuestras palabras deben ser siempre dichas con cariño (Pr 15:1,23). Cuando hablamos con amor, hasta quién está con rabia con nosotros queda sin saber qué hacer. Una palabra suave funciona como un balde de agua fría en una cabeza caliente. Una palabra grosera, aunque sea verdadera, solo sirve para poner más leña en el fuego. Si hablamos con amor, podemos hablar la verdad, aunque esa verdad le desagrade al otro. Si hablamos sin cariño, hasta la verdad parece mentira. En nuestras palabras siempre debe primar la verdad (Pr 6:19a). No debemos justificar nuestras actitudes, ni basar nuestros argumentos en informaciones falsas. Mentir y engañar al otro es engañare a sí mismo. Por eso, aunque tengamos la seguridad de que la mentira jamás será descubierta, esto no nos debe estimular a decirla. También es bueno recordar que no hay crimen perfecto. La mentira es un crimen.

Nuestra verdad debe ser dicha con suavidad (Pr 16:24). Debemos medir las consecuencias de nuestras palabras, aunque que tengamos las mejores y más buenas intenciones.

Es muy difícil, a veces, entender esto. Alguien podría argumentar: nos enseñan a hablar la verdad y después nos piden que hablemos la verdad solo cuando sea conveniente. No es totalmente cierto. Se trata de verificar el momento y la forma de hablar. Primero, nuestra verdad es muestra verdad. Aunque un medico crea que su paciente tiene tres meses de vida, él puede equivocarse. ¿Para qué, entonces hablar esta verdad? ¿En qué va a ayudar esta información? Es en esto que debemos pensar. No para no decir la verdad, sino para guardarla, como María, en su corazón (Lc 2:51).

Nuestras palabras promueven la concordia (Pr 6:19b). En la lista de pecados que Dios detesta está el de sembrar la discordia. Puede sembrarse la discordia hablando la verdad o hablando mentiras. No siempre los chismes son mentiras. Pueden contener muchas verdades. La intención, no obstante, es provocar líos, y nunca bienestar. Nuestro comportamiento debe ser siempre para sembrar la unión entre las personas, especialmente en la familia. Además de esto, nuestra meta, en el momento en que un hermano está sufriendo, es usar las palabras para promover su bienestar. Cuando actuamos así, nuestra lengua se convierte en un árbol de vida (Pr 15:4). Jamás debemos responder antes de escuchar (Pr 18:13,17). En términos prácticos, el sabio enseña que quien responde antes de oír es un tonto. En realidad, una respuesta dada antes de una pregunta no es una respuesta. Hay personas que tiene respuestas para todo, hasta para las preguntas que no fueron hechas. La Biblia llama a estas personas ignorantes (v.13). Aquel que sabe oír demuestra que tiene respeto por el otro. Quién no sabe oír solo se oye a sí mismo, porque cree que solo lo que él piensa tiene valor. Debemos tener cuidado con nuestros argumentos. En una conversación, no podemos considerar nuestros argumentos como si fueran únicos y definitivos. La primera persona en presentar un argumento parece tener toda la razón, hasta que la segunda persona comienza a hablar (v.17), y así continúan. Si entramos en una conversación es para convencernos y ser convencidos. De lo contrario, es más honesto no participar de la conversación.

Vea como está la comunicación en su familia. Si ella va bien, puede mejorar. Haga su parte. Si no va bien, necesita mejorar. Haga su parte.

11
Los deberes de cada uno

La familia es, por lo tanto una invención de Dios para la felicidad de los seres humanos. El inventor continúa interesado en la felicidad de todos los miembros de esta familia. Lo que él debe hacer, Él lo hace. Ahora, hay cosas que deben hacer los padres y cosas que deben hacer los hijos.

Uno de los textos Bíblicos más directos sobre el asunto es el del apóstol Pablo en Efesios 5:22, 6.5. Por su dureza, es uno de los más controvertidos de toda la Biblia.

Las mujeres – Efesios 5:22-24

Las esposas, dice el apóstol, deben obedecer a sus maridos. El marido es la cabeza del matrimonio. El patrón de sumisión es el mismo de la iglesia en relación a Jesús Cristo. La mayoría de las sociedades - la nuestra inclusive - es patriarcal, eso quiere decir, en ella los hombres tienen la autoridad. Son raras las sociedades matriarcales. Y aún entre ellas, las esposas no ejercen autoridad sobre sus maridos.

Cada vez más, no obstante, el patrón viene cambiando. Las decisiones cada vez más son tomadas en igualdad. Hay instituciones en las que la cabeza de la familia no es el padre. Hay instituciones en que la mujer sustenta la casa y acaba decidiendo más que el marido. ¿Una familia liderada por una mujer está fuera de los patrones Bíblicos? ¿Cuándo haya y si hay una transformación en los patrones, la Biblia será superada?

La primera manera de leer esta recomendación es tomarla literalmente. En este caso, la sumisión de la esposa al marido es una norma, divinamente inspirada, que debe ser seguida. Otra posibilidad es buscar el principio por detrás de la norma. El apóstol parte de las prácticas de su tiempo, en que los hombres reinaban solos. El no pretende discutir esa costumbre, ni tampoco preservarla. Su interés es la preservación de la familia.

Para que una familia subsista, son necesarias reglas claras. Incluso cuando un grupo de muchachos o de muchachas organizan una "residencia estudiantil" para vivir juntos, necesitan establecer reglas. De lo contrario, la vida será imposible. Lo mismo pasa en la familia. Este es un principio básico por detrás de la recomendación de sumisión femenina.

El segundo principio es que en la familia debe haber un líder. En la mayoría de las sociedades, ese líder es el marido. El líder es aquel que provee para las necesidades de hoy y estimula los sueños para el mañana. Ese liderazgo puede ser compartido. Hay cosas en las cuales los padres son mejores. Hay cosas que las mujeres hacen mejor. Lo importante es que los papeles queden claros y el amor de fruto. Solo así no se separarán aquellos que Dios unió (Mc 10:9). Lo importante es que las esposas amen a sus esposos. Una forma de amarlos es seguir con tranquilidad su liderazgo. Una esposa puede someter a su marido sin amarlo. No es esto lo que la Biblia pide. Lo esencial es que la esposa lo ame.

Los maridos – Efesios 5:25-33

En segundo lugar, el apóstol coloca el patrón del comportamiento para los hombres, que tiene el deber de amar a sus mujeres. Es impresionante que para las esposas el apóstol Pablo dedica tres versículos, pero para los maridos él reserva el triple. Pablo conocía bien a los hombres. Entonces, ¿por qué somos tan machistas? Si un hombre quisiera ser machista, que lo sea, desde que no use la Biblia. Este es un mandamiento duro. Duro porque es fácil que se transformen en palabras vacías. Duro porque es un patrón mucho más elevado que la sumisión. Duro porque las alternativas de su realización son innumerables: cada situación exige una acción correcta y específica de amor.

El patrón de amor, tanto para mujeres como para los maridos, es comparado en relación a Cristo con la iglesia. El texto hace un resumen perfecto del ideal para el matrimonio (Ef 5:33). El marido debe amar a su esposa con la misma intensidad con que se ama a sí mismo. La mujer debe reverenciarlo, esto es, respetarlo, del modo que le gustaría ser respetada. Es en ese contexto que el apóstol Pablo habla que nosotros debemos pensar en la pareja como una sola carne y unirlo al versículo anterior acerca de la sumisión, porque ambos forman una sola carne, una unidad. Por eso la mayor parte de las dificultades, especialmente cuando la pareja tiene hijos vienen de que los dos no formen una sola unidad de propósitos, de ideas y de respeto mutuo.

Los padres

Además, de esposos, cuando tienen hijos su deber es criarlos en el Señor (Ef 6:4). Los padres no deben irritar a sus hijos (Ef 6:4a) con tontas exigencias. Los padres deben, al contrario, hacer todo lo que puedan para convertir el hogar en un ambiente agradable para vivir.

Los padres deben disciplinarlos e instruirlos con las verdades de Dios. Hay muchos padres fallando en esta tarea. Muchos se adhieren al autoritarismo, considerando a sus hijos como objetos que pueden manipular. Otros eligen la irresponsabilidad, dejando la educación de sus hijos a la calle, a la escuela y a los medios de comunicación. Esos padres están lejos del camino del Señor.

Los hijos – Efesios 6:6

Los hijos también tienen responsabilidades específicas. Ellos deben obedecer a sus padres. El apóstol presenta dos razones para la obediencia. Él podría haver dicho: obedezcan porque sus padres son sus padres, y listo. No.

La primera razón es que la obediencia es una cosa justa (Ef 6:6), esto es, trae consecuencias buenas para quién la practica. La segunda es que es una demostración de sabiduría (Ef 6:7). Quien sabe obedecer sabe vivir. Quien vive enfocado en su propia nariz tiene grandes posibilidades de rompérsela. El mundo es complicado. La experiencia de los padres es indispensable. Si esas razones no bastan, es un mandato divino.

Está entre los diez mandamientos (Éx 20:12). El mandamiento de honrar a los padres viene apenas después del sábado. No solo por pura coincidencia. Muy probablemente, por un motivo muy claro: los padres deben ser honrados, entre otros motivos, porque ellos le recuerdan a los hijos, la educación religiosa, que existe el sábado que debe ser santificado.

Y ¿Qué es honrar? Honrar es, básicamente, obedecer. Obedecer es algo muy difícil. Rápido queremos ser independientes, para no tener que obedecer. No obstante, este mandamiento da una consecuencia positiva para quién obedece: Una larga vida. Este mandamiento es el único que contiene un resultado para quién los sigue. Aquel que honra a su padre y a su madre tendrá sus días prolongados. En la nueva tierra, en donde el pueblo de Israel estaba entrando. Y en la tierra de hoy, en donde vivimos. ¿Por qué? Al honrar a nuestros padres forma una cadena sin fin. Nosotros honramos a nuestros padres y nuestros hijos nos honran. Este respeto va produciendo vida. Nuestros padres están con su personalidad formada, mientras que la nuestra está en proceso. Ellos tienen la responsabilidad de transmitirnos los valores centrales de la vida. En la medida en que lo hacen correctamente, esos valores van permaneciendo mientras nosotros acumulamos la sabiduría para vivir. La Biblia y la experiencia de la vida demuestran que nuestros padres ya pasaron por muchas situaciones por la cuales estamos pasando ahora. Honrarlos significa buscar esta sabiduría. Esto no quiere decir que vamos a repetir sus experiencias simplemente y entregarles la responsabilidad para decidir; antes bien, significa que, al tomar nuestras decisiones, tendremos en cuenta sus acciones en el pasado. Ellas nos ayudan a actuar hoy.

Honrando a nuestros padres, vivimos como si dependiéramos unos de los otros. Esto nos ayuda a entender que nuestra independencia es, en verdad, interdependencia. Todo mundo depende de todo mundo. Y todos dependemos de Dios. Al nosotros aceptar esto, recuperamos la dimensión profunda de nuestra existencia: la dimensión de la fe y de la gracia. Es por eso que este mandamiento viene apenas después del mandamiento sobre el sábado. Debemos ver a nuestros padres como guardianes (es decir cómo defensores, protectores) de los valores correctos, establecidos por Dios para nosotros.

Honrar a padre y madre es pura sabiduría. No honrarlos, no cuidar de ellos, es pura estupidez. Puede ser que obedecerles duela, pero es para nuestro bien, aunque, a veces, puede no parecer. El resultado es una vida larga con calidad, que es aquella vida que vale la pena ser vivida.

La relación dentro de la familia, entre padres, esposos e hijos debe ser en el Señor. Los esposos deben amarse y respetarse en el Señor. Los padres deben respetar a sus hijos, en el Señor. Los hijos deben respetar a sus padres, en el Señor.

La vida en familia debe ser vivida según la mente de Cristo. Este es el gran objetivo para todos sus seguidores, para todos los que aman vivir según sus principios. Vivir en familia es un llamado de Dios.

12
Celebrando la vida en familia

Las experiencias de Jacob ilustran las dificultades propias de la vida familiar y al mismo tiempo, su inmenso valor. Fue Dios que inventó la familia.

En una historia, encontramos algunos problemas comunes a todas las familias de la tierra:
- la preferencia por uno de los hijos por parte de los padres (Gn 26:28);
- el conflicto por culpa del cortejo (Gn 27:46-47);
- la dificultad para encontrar la otra mitad para el matrimonio (Gn 29:1-28);
- la expectativa, a veces, frustrada, por la llegada de los hijos (Gn 29:31;30:26);

Nuestros dramas modernos no son, por lo tanto, modernos. Como en la familia de Jacob, podemos dar culto a dioses diferentes, seguir valores diferentes, buscar objetivos diferentes. Las familias necesitan desarrollar afinidad. No escogemos a nuestros padres, ni a nuestros hermanos, ni a nuestros hijos. La familia es un regalo de Dios para nuestro crecimiento. A partir de este regalo, necesitamos desarrollar las afinidades que vuelvan posible este crecimiento. Creemos que la familia hace parte de la provisión de Dios para nuestro crecimiento. Solo habrá, entonces, crecimiento si Dios mismo es el sustentador de esta familia, por medio de su misericordia con nosotros y de nuestra búsqueda de sus valores. Esta es una tarea para todos, sean ellos miembros de una familia de uno (quien vive solo), en una familia de dos (parejas sin hijos o uno de los cónyuges con un hijo) o en una familia de más de dos miembros (padres e hijo o padres e hijos).

A partir de Génesis 35, aprendemos acerca del ideal de Dios para la familia, contra todos los tipos de desintegración.

La familia tiene que adorar unida

Esta no es una tarea fácil, en función de las características de la vida urbana. Cada familia, no obstante, necesita buscar sus formas de atender a este ideal estratégico. Hay una historia en el libro de Génesis que requiere ser leída:

Dios dijo a Jacob:

> Y dijo Dios a Jacob: *Levántate y sube a Betel, y quédate allí; y haz allí un altar al Dios que se te apareció cuando huías de tu hermano Esaú. Entonces Jacob dijo a su familia y a todos los que con él estaban: Quitad los dioses ajenos que hay entre vosotros, y limpiaos, y mudad vuestros vestidos. Y levantémonos, y subamos a Betel; y haré allí altar al Dios que me respondió en el día de mi angustia, y ha estado conmigo en el camino que he andado.*
>
> *Así dieron a Jacob todos los dioses ajenos que había en poder de ellos, y los zarcillos que estaban en sus orejas; y Jacob los escondió debajo de una encina que estaba junto a Siquem. Y salieron, y el terror de Dios estuvo sobre las ciudades que había en sus alrededores, y no persiguieron a los hijos de Jacob. Y llegó Jacob a Luz, que está en tierra de Canaán (ésta es Betel), él y todo el pueblo que con él estaba. Y edificó allí un altar, y llamó al lugar Elbet-el, porque allí se le había aparecido Dios, cuando huía de su hermano.*

Celebrando la vida en familia

Entonces murió Débora, ama de Rebeca, y fue sepultada al pie de Betel, debajo de una encina, la cual fue llamada Alón-bacut. Apareció otra vez Dios a Jacob, cuando había vuelto de Padán-aram, y le bendijo. Y le dijo Dios: Tu nombre es Jacob; no se llamará más tu nombre Jacob, sino Israel será tu nombre; y llamó su nombre Israel. (Gn 35:1-10)

La instrucción que Jacob recibió es absolutamente valida en el día de hoy. La familia debe lanzar fuera sus dioses extraños. En el contexto de la era de los patriarcas, el monoteísmo aún no estaba claramente establecido. Las personas seguían al Dios de Abraham e Isaac, pero tenían sus dioses e ídolos particulares. Esta es una tendencia humana universal y permanente. Para muchos, Dios es un ser muy distante, inalcanzable e impersonal, por lo que prefieren dioses más visibles, tocables y manipulables...

A lo largo de toda la Biblia, sin embargo, hace parte del carácter de Dios no tener comunión con quién se comunica con otros dioses. Él exige exclusividad en la relación. Y esta es la mayor dificultad del ser humano, adultero (polígamo) por naturaleza: postrarse delante de Dios, reconociendo en Él el propósito de nuestras vidas.

Los niños saben bien lo que es exclusividad: exclusividad es aquel amigo que tiene celos (amargura) cuando hago otras amistades con otros compañeros. Dios quiere ser nuestro único Amigo.

La diferencia es que nuestro amigo tiene celos porque no quiere compartir. Dios quiere exclusividad, porque Él sabe que somos capaces de seguir valores que nos llevan a la destrucción. La exclusividad exigida por Dios es para nuestro bien, no para el bien de Él. Por esto, el líder de la familia debe hacer todo lo que esté a su alcance para que los demás miembros, comenzando por él, expulsen los dioses extraños de sus vidas. El desarrollo de una relación exclusiva con un Dios exclusivo no es tarea de la iglesia, sino de la familia. La tarea de la iglesia es proclamar el amor de Dios e invitar a las personas al arrepentimiento. Como las familias se eximen, la iglesia tiene que hacer también esta parte, pero no lo hace bien. La familia debe ser el lugar en que se estimula la búsqueda de la santidad, es decir, la eliminación de Dioses extraños. En términos prácticos, esto significa buscar vivir según los valores del Padre. Y ¿cómo puede hacer esto la familia? Incentivando la lectura de la Biblia, la práctica de la oración y frecuentando las actividades de la iglesia. Si un hijo no ve a su padre leyendo la Biblia, el tenderá a no leerla tampoco. Si un hijo no ve a su madre orando, él también tenderá a no orar. Si un hijo crece viendo a sus padres leyendo la Biblia y orando, puede ocurrir que él no haga lo mismo, pero esas imágenes jamás se borrarán de su mente. Si los padres no van a la iglesia, ¿puede esperarse que sus hijos vallan? (Por eso, soy muy feliz cuando veo hijos más fieles que sus padres, en términos de frecuencia y contribución financiera...)

La familia debe promover la alabanza/gratitud por lo que Dios hace, que es la esencia del culto. La expresión máxima de alabanza por parte de Jacob era levantar columnas o altares. Al hacerlo, él reconocía la soberanía de Dios. Solamente alaba quien reconoce esta soberanía. Por esto, la alabanza es el principio de la verdadera espiritualidad.

La familia debe propiciar un ambiente para la transmisión de las maravillas del Señor a otras generaciones. En Betel, Dios se había manifestado a Jacob. Él ahora quiere trasmitir aquella experiencia fundamental a los suyos. Allí él se encuentra con el Dios verdadero; cualquier imagen de Dios que recuerde odio y maldad se refiere a dioses extraños, falsos, inexistentes. ¿Cuál Dios les estamos trasmitiendo a nuestros hijos y vecinos?

Culto doméstico: ¿utopía o posibilidad?

La escena es verdaderamente bella: padres e hijos se reúnen diariamente alrededor de una mesa para leer y estudiar la Biblia, para orar y cantar, para intercambiar ideas y discutir sus problemas a la luz de la palabra de Dios. No obstante, la escena del llamado culto doméstico, realizado en el interior del hogar, es hoy cada vez más escasa. A propósito, ¿cuántas familias usted conoce que practican el culto doméstico? No tenemos en la Biblia ninguna instrucción específica sobre cómo debe ser este culto doméstico. No está escrito en algún lugar: "haga el culto doméstico". Sin embargo, en la cultura Bíblica, es bastante evidente que las familias se reunían regularmente con esa finalidad. La práctica es clara cuando Moisés recomienda con tanto énfasis la educación religiosa en el hogar. La necesidad es cada vez mayor hoy, especialmente delante de las presiones que la escuela, la calle y los medios de comunicaciones ejercen sobre la familia y sus miembros. Los valores de la mayoría de las personas no son los valores que nosotros entendemos como divinos. Para afirmar, reafirmar y practicar esos valores, la familia necesita unirse, para conversar. Nada más propio para esto que el culto doméstico.

En la casa del adolescente Jesús

A los 12 años, todo lo que Jesús sabía lo aprendió en casa. María y José no fueron solo el empaque en el que él hijo de Dios vino al mundo. Más que eso, ellos proveyeron una familia, junto con sus otros hermanos, en la cual el joven creció y se fortaleció, lleno de sabiduría y de gracia (Lc 2:40).

No hay duda: José y María cuidaban de la educación religiosa de sus hijos. Todos los sábados iban a la iglesia (sinagoga) y una vez por año iban a la iglesia matriz (el templo de Jerusalén). Sin embargo, un encuentro semanal era insuficiente para darles a los hijos todo el conocimiento de la revelación de Dios. Esto mismo es verdad para los días de hoy. Si sus padres creen que usted aprenderá todo lo que necesita para entender el camino de Dios yendo a la iglesia una o dos veces por semana, ellos están engañados. Si usted piensa lo mismo, también está engañado. Infelizmente, muchas personas tienen esta visión y por eso no crecen. Esas personas son y serán siempre como niños inconstantes, que corren para allá y para acá como el viento (Ef 4:14), sin saber en qué creen realmente. Están siempre detrás de una novedad, cercanos a una bendición. Nunca saben cuál es la razón de la esperanza que tienen (1 P 3:15).

Con el adolescente de Nazaret fue muy diferente. Como aprendió en casa las verdades de Dios, sin tener una revista para estudiar, un libro para buscar y mucho menos un CD ROOM para navegar, Jesús puede discutir de igual para igual con los profesores de la Biblia (v.46). Ellos quedan entusiasmados con su inteligencia y su conocimiento (v.47). Nosotros nacemos con inteligencia. Nos corresponde desarrollarla. Nos corresponde usarla bien. Y el conocimiento lo adquirimos. Conocimiento es el resultado del estudio, investigación y discusión. Jesús adquirió conocimientos en casa y lo desarrolló. La familia crió un ambiente favorable para esto. Algo semejante a lo que nosotros llamamos hoy como culto doméstico debía ocurrir regularmente en su casa.

No podemos olvidar que Jesús era un adolescente normal, menos una cosa: el nunca pecó (Heb 4:15). Por lo tanto, para aprender, tuvo que estudiar. La Biblia no registra nada especial en su adolescencia. Él era como nosotros.

Como debe ser

La Biblia no describe como debe ser el culto doméstico, pero su objetivo está claro en Deuteronomio 6 y en Lucas 2. Su resultado debe ser el mismo resultado que tenía para los judíos en general y el que fue para Jesús en particular. Según Deuteronomio 6:1-5, la meta de la educación religiosa es llevar a los miembros de la familia a temer a Dios y a seguir sus mandamientos. El amor es un sentimiento que se aprende. El culto doméstico debe ayudar a los miembros de la familia a aprender a amar a Dios de todo corazón. Según Lucas 2:52, gracias a la instrucción que recibía en su casa, el adolescente Jesús crecía constantemente en sabiduría de vida, en tamaño físico y en la comprensión de lo que es amar a Dios y al prójimo como a sí mismo. ¿Cómo alcanzar ese resultado? Cada familia debe buscar a su propia forma de educarse religiosamente. Lo ideal es que la familia encuentre el tiempo y el lugar para reunirse diariamente, en el estudio de la Biblia, oración y comunión. No siempre esto es posible. Todo mundo vive corriendo. El afán, sin embargo, no justifica el olvidar la educación religiosa en casa. El pastor João Soren se convirtió a los seis años de edad. Sus padres eran muy ocupados. En un libro sobre su vida, él no habla del culto doméstico, pero cuenta que todas las noches su madre (Jane) le preguntaba sobre la lectura Bíblica diaria a cada uno de sus hijos. Si ella sentía que la lectura no fue hecha o fue mal hecha, insistía para que fuera hecha. Al día siguiente, exigía de nuevo. Si veía alguna dificultad, se sentaba en la cama para leer todos juntos. No había culto doméstico, pero había educación religiosa. Y si sus padres no son coherentes o son descuidados, usted tiene condiciones de resolver este asunto. ¿Usted no estudia las materias de la escuela solo? ¿Por qué no hacer lo mismo con la Biblia? ¿Por qué no seleccionar un libro sobre vida cristiana para instruirse? ¿Por qué no buscar un video religioso o bíblico para ver en familia? Si usted tiene un computador en casa, ¿por qué no se conecta a internet, para tener acceso a archivos de estudio Bíblico? ¿Usted no hace lo mismo con juegos y otras aplicaciones?

La familia necesita alegrarse en las victorias

Jacob tuvo doce hijos:
Los hijos de Lea: Rubén el primogénito de Jacob; Simeón, Leví, Judá, Isacar y Zabulón.
Los hijos de Raquel: José y Benjamín.
Los hijos de Bilha, sierva de Raquel: Dan y Neftalí.
Y los hijos de Zilpa, sierva de Lea: Gad y Aser.
Éstos fueron los hijos de Jacob, que le nacieron en Pandánaram.
(Gn 35.22b-26b)

El capítulo 35 llega al fin de una forma aparentemente desconectada, al relacionar los nombres de los hijos de Jacob. Se trata apenas de una lista, que debe ser completada con las narrativas del nacimiento de cada hijo. Cada nacimiento tiene una historia, hoy posiblemente sería documentada desde la primera ecografía, pasando por el nacimiento, por los 15 años, por la mayoría de edad, por el matrimonio. A los niños les gusta ver las imágenes de sus vidas. Los padres aquí tal vez ahora se reporten la espera y la llegada de sus hijos. Cada hijo fue una historia diferente. ¿Usted ya le contó esto a su hijo? ¿Usted ya le contó las lágrimas de alegría que derramó cuando supo que él iría a nacer? ¿Usted ya le mostró el hospital en donde nació? ¿Usted ya le contó cómo fue de difícil (si fue) su parto? ¿Usted ya le contó las dificultades financieras de la familia en aquellos días?

Esas narrativas son parte de la celebración de la vida en familia. Los padres deben alegrarse por sus hijos, que son dones de Dios. Y cuando digo esto, recuerdo una metida de pata que hice (y no estaba en Itacuruçá): yo dije que una familia sin hijos es una familia incompleta. Si marido y mujer quieren hijos y no los tienen, su familia está incompleta. Sin embargo, si el marido y la mujer no pueden tener hijos, su familia está completa.

Hay familias incompletas, por egoísmo (uno de los padres no quiere dividir su amor o no quiere perder sus comodidades o hasta alterar la escultura de su cuerpo) o por una visión equivocada de la vida (espera de condiciones financieras plenas - ellas son necesarias, pero nunca habrá plenitud; miedo de traer un niño a un mundo hostil - este es nuestro mundo). Si ustedes son dos (y no tres o más) por razones ajenas a su voluntad, disfruten sus vidas como dos. Ustedes están completos siendo dos.

La familia necesita buscar su desarrollo

Estamos ahora delante de la narrativa del progreso de una familia.

Celebrando la vida en familia

Apareció otra vez Dios a Jacob, cuando había vuelto de Padán-aram, y le bendijo. Y le dijo Dios: Tu nombre es Jacob; no se llamará más tu nombre Jacob, sino Israel será tu nombre; y llamó su nombre Israel. También le dijo Dios: Yo soy el Dios omnipotente: crece y multiplícate; una nación y conjunto de naciones procederán de ti, y reyes saldrán de tus lomos. La tierra que he dado a Abraham y a Isaac, la daré a ti, y a tu descendencia después de ti daré la tierra. Y se fue de él Dios, del lugar en donde había hablado con él. Y Jacob erigió una señal en el lugar donde había hablado con él, una señal de piedra, y derramó sobre ella libación, y echó sobre ella aceite.

Y salió Israel, y plantó su tienda más allá de Migdal-eder. Después vino Jacob a Isaac su padre a Mamré, a la ciudad de Arbá, que es Hebrón, donde habitaron Abraham e Isaac. (Gn 35:9-14,21,27)

El horizonte geográfico de Jacob no sirve para nosotros. Él era un nómada. Estaba siempre peregrinando, armando su tienda (v.21) en el lugar propicio para su familia y su ganado. Aprendemos con él, sin embargo, que no debemos acomodarnos como familias. Hay familias acomodadas. Hay familias que se conforman con las condiciones socioeconómicas en las que están. Esto no hace parte del pan de Dios. El plan de Él es que cada familia se supere, por medio del estudio, del trabajo. Esto requiere sacrificios y osadía. Jacob tenía una meta: llegar a Canaán, que estaba ocupada por otros clanes. Hay familias que no tiene metas; andando sin rumbo. Son nómadas en cuanto a sus propósitos. Jacob era nómada para alcanzar un propósito, no porque no lo tuviera. Por esto, le digo a los padres: si sus hijos están cómodos, muévalos. Eso va a generar conflictos, pero impóngase aunque sea por la fuerza. Ningún niño o adolescente o joven quiere por naturaleza esforzarse. Tenemos que llevarlos a esto. Por eso, le digo a los cónyuges. Si su marido o mujer es acomodada: no lo permita. Empújelo hacia el frente. Por eso, le digo a los hijos: si sus padres son acomodados, ustedes no deben serlo. Ustedes tienen que ser mejores que sus padres, en el buen sentido de "mejor" (siendo y teniendo; no solo teniendo; no solo siendo). Fructifiquen (den más frutos, más resultados). Hagan que la visión de sus padres de frutos en ustedes y por medio de ustedes. Multipliquen los bienes que ustedes reciben. Multipliquen sus círculos de relaciones. Multipliquen sus conocimientos. Multipliquen sus diplomas.

Jacob es un ejemplo de una vida de lucha. Es un patrón para nosotros. Su inconstancia geográfica era una constancia de propósitos. Él no sabía que lo que quería era imposible; por esto, fue y lo hizo. Hay un segundo que podemos aprender con Jacob. El texto indica que, desde temprano, Jacob aprendió a poner a Dios en sus negocios. El desarrollo que buscaba era un desarrollo en la presencia de Dios. Cuando Dios está en los negocios de la familia, esos negocios son éticos. No es posible tener a Dios con nosotros en negocios oscuros. Tal vez por eso, muchos no lo quieren cerca.

Cuando Dios está en los negocios de la familia, esos negocios son bendecidos por Él. A veces, queremos que Dios bendiga nuestros negocios, solo cuando ellos están cercanos al fracaso. El texto muestra que, si lo invitamos, Dios no se rehúsa a participar.

La familia no debe desanimarse delante de los problemas

La vida familiar no es hecha solo de dificultades, angustias y miedos, pero esto es parte de la vida. El texto relata también parte de la vida en familia, al hablarnos de problemas de salud (partos difíciles) y muertes, de desacuerdos entre cónyuges (v.18), de problemas en las relaciones y de pecados. Habla además de esperas (embarazo) y de añoranzas.

> *Entonces murió Débora, ama de Rebeca, y*
> *fue sepultada al pie de Betel, debajo de una*

encina, la cual fue llamada Alón-bacut.
Y partieron de Betel; y había aún como media
legua de tierra para llegar a Efrata, cuando
dio a luz Raquel, y hubo dificultad en su parto.
Y aconteció, como había trabajo en su
parto, que le dijo la partera: No temas, que
también tendrás este hijo.
Y aconteció que al salírsele el alma (pues
murió), llamó su nombre Benonni; mas su
padre lo llamó Benjamín.
Así murió Raquel, y fue sepultada en el
camino de Efrata, la cual es Belén.
Y levantó Jacob pilar sobre su sepultura;
esta es la señal de la sepultura de Raquel hasta
hoy.
Aconteció que cuando moraba Israel en
aquella tierra, fue Rubén y durmió con Bilha la
concubina de su padre; lo cual llegó a saber Israel.
Y fueron los días de Isaac ciento ochenta
años. (Gn 35:8,16-20,22,28)

Una vez más, es esencial que la familia este unida para enfrentar sus dificultades. Podemos integrar una familia espiritual, que hasta puede suplir creencias diversas, pero la familia es el lugar que Dios proveyó para fortalecernos y apoyarnos en las luchas de la peregrinación humana.

Tenemos problemas que no tendríamos si no tuviéramos familia, pero también no nos desarrollaríamos integralmente como personas. La falta de una familia nos libra de algunas dificultades, pero nos libra también de todas las facilidades.

De esta historia podemos sacar algunas conclusiones. No piense que solo su familia tiene problemas. El autor bíblico hace un resumen de la problemática humana. Todos nuestros dramas están aquí descritos. Hay un parto difícil, seguido de la muerte de la madre y de muchas añoranzas (v.8,16-20). Los dramas hacen parte de la vida. La muerte hace parte de la vida.

El mito de la familia perfecta

Existe una tensión en la elección del nombre de uno de los hijos. Hay un padre que tiene preferencias por uno de los hijos. Benoni significa "hijo de mi agonía", pero Benjamín significa "hijo de la mano derecha", esto quiere decir: hijo preferido. Él no permitió que su hijo cargara aquel nombre siniestro. Por eso, le dio otro nombre, glorioso.

Hay un desvío por parte de uno de los miembros con prácticas fuera de los patrones divinos (v.22). Para gran tristeza de su padre, su hijo Rubén tiene una relación sexual con su concubina (segunda mujer), Él no aceptó el comportamiento de su hijo, como debe ocurrir hoy también, entre padres e hijos y entre hijos y padres.

La muerte del padre Isaac (v.27-29), muerte esperada, porque tenía ya180 años de edad, pero muerte llorada, como toda muerte.

En nuestras familias, experimentamos también estas realidades. Algunas, por más difíciles que sean, necesitamos aprender a aceptarlas. Otras, por fuera de los patrones de Dios, tenemos que luchar para evitarlas. Si la familia enfrenta unida esas dificultades, triunfará. Si no, ellas serán aún mayores de lo que son. Cuando ocurrió la muerte de Isaac, tenemos un claro índice de la fuerza de esta unidad familiar. Aunque muriera en una ciudad diferente, Jacob no abandonó a su padre. Fue a llevar a sus hijos para que él viera cumplida la promesa que Dios le hizo.

Más que una indicación de unidad, la actitud de Jacob muestra que él vivía debajo de la perspectiva de la promesa. Es así como la familia debe enfrentar sus problemas: confiados en la acción de Dios.

¿De dónde viene la fuerza para la vida familiar? Del terror de Dios (v.5). Dios aterroriza los problemas (v.5). No son los problemas los que nos aterrorizan a nosotros; sino que Dios aterroriza a los problemas. ¿Qué tal, tener a Dios con nosotros? ¿Qué tal, enfrentar nuestro problemas contando con Él? Cuando una familia adora a Dios, es capaz de enfrentar sus dificultades. La santificación produce fuerza. Llame a su familia (a sus hijo, a sus padres, a su cónyuge) para adorar a Dios y vivir según sus valores.

La unidad es esencial. Cuando Jacob llamó a su familia a liberarse de sus ídolos, él estaba invitando a todos los miembros a participar. La unidad es esencial, para la santificación, para el desarrollo, para la alegría y para hacer frente a las luchas.

Padre, busque la santificación, para usted y los suyos. Cónyuge, busque la santificación para usted y para los suyos. Hijos, busquen la santificación, para ustedes y para los suyos.

13
Aprendiendo con una bella familia

El apóstol Pablo nos habla de una familia bonita (2 Tim 1:3-6). Al elogiar a su ayudante Timoteo, el elogia a su madre y a su abuela. No sabemos por qué él no habla del abuelo ni del padre, pero esto no importa ahora.

Pablo tenía placer al estar con su ayudante, al punto de sentir falta de él cuando estaba distante (v.4). Las cualidades que veía en su ayudante, Pablo las atribuía a su formación, la cual recibió de su abuela y de su madre. Por eso, Timoteo era una persona tan querida que el apóstol oraba siempre por él. ¿Qué aprendió Timoteo en su familia? El aprendió a dar valor a las amistades verdaderas, incluso a los intereses de la personas mayores, como en el caso de Pablo. Él admiraba los consejos de su "padre" en la fe. Por el amigo apóstol él era capaz de llorar cuando las cosas no iban bien. La amistad es una actitud que debemos aprender y Timoteo la aprendió en su casa. Él conoció a Dios por la fe, de modo que regía su vida a partir de esa fe, que aprendió a tener con su abuela y con su madre.

El mito de la familia perfecta

Esa fe era sincera. Él no era creyente porque su madre lo era. La fe que había en él era verdadera. Su experiencia era diferente de la de Pablo, que se convirtió en cristiano siendo adulto. Timoteo experimentó desde el vientre la maravilla de creer. Sin embargo, esa maravilla era algo personal, no era solo una afirmación hecha de palabras; era una afirmación hecha de vida.

Aún con todas estas cualidades, esta era una familia imperfecta o, por lo menos, incompleta. Se habla de la abuela, se habla de la madre y se habla del hijo, pero no se habla del abuelo y ni se habla del padre. Nuestras familias también son así, pero es en ella que tenemos que buscar nuestra perfección y la perfección de ella.

En la familia de Timoteo había conflictos de generaciones, como todas las familias los tienen, porque allí está presente más de una generación. Esta familia era formada por tres generaciones. Los conflictos son necesarios, inevitables y útiles, aunque tengamos que mantenerlos bajo control. Ellos son saludables, porque cada generación tiene una visión de aquello que le parece mejor. Entre aquellas tres personas, los conflictos estaban bajo control de tal manera que Timoteo tenía placer de escuchar a los más viejos, y los más viejos tenían placer al estar con Timoteo. Esto es lo que Pablo dice de su relación con el miembro más joven de la familia:

- *Deseando verte,... para llenarme de gozo*. Tal vez, cuando se encontraban, el joven le contaba bromas, que hacían a Pablo rodar de risa. Tal vez el apóstol, que tenía serios problemas de visión, sentía falta de él, porque su amigo lo guiaba para pasear por la ciudad.

A parte de la imaginación, lo cierto es que Timoteo era un motivo de alegría para Pablo. El joven se gozaba en la compañía del viejo, varias veces los buscó. Los jóvenes necesitan gozarse al estar con los más viejos, en lugar de buscar alejarse de ellos. Los más viejos necesitan tener una mejor percepción de los jóvenes y no pensar que siempre están en el camino equivocado.

Aprendiendo con una bella familia

Nosotros más viejos, de quien se espera sabiduría, vemos mucha impaciencia. Ellos necesitan nutrir una visión más positiva de los más jóvenes. A su vez, hay muchos jóvenes inventando la rueda... Si prestaran más atención a los más viejos, podrían gastar tiempo inventando cosas mucho más interesantes. Timoteo era capaz de llorar por Pablo. En el joven no predominó el espíritu de "cada uno por su lado". Pablo tenía el mismo sentimiento positivo, que, en cierto momento, aconsejó a Timoteo en un problema de salud del estómago.

Ambos, también, eran miembros de dos generaciones de amigos, que se preocupaban uno con el otro. El ejemplo nos muestra que debemos cultivar la amistad en el seno de la familia, no importa la etapa de la vida. Nadie es mejor que nadie, solo son diferentes. Juventud no es virtud, vejez no es enfermedad; las dos son etapas de la vida.

Las vivencias que Timoteo tenía en la fe, heredadas de su abuela y de su madre, eran algo muy personal. Timoteo fue educado en la fe cristiana, pero esa también era su fe. Debemos alegrarnos cuando tenemos una familia que busca santidad y servir a Dios. El apóstol Pablo daba gracias por aquella familia y daba gracias a Dios por su propia familia que también lo llevó para el camino del bien, aunque a veces al error cuando perseguía a los cristianos, pero fue también un aprendizaje para entender el verdadero llamado de Dios.

A veces, tendemos a exaltar apenas a aquellos que no conocieron el evangelio en el interior de sus familias. Algunas veces, creemos que es más valioso aquel testimonio de una persona que paso por experiencias dramáticas fuera del seno de la familia y de la iglesia. Aun así, son un milagro aquellos que nacieron en el evangelio y en el continúan. Eso agrada tanto el corazón de Dios tanto como cuando un hijo pródigo regresa.

El sobresaliente pastor João Filson Soren se convirtió a los ocho años de edad, sus padres se preguntaron si no era muy temprano.

Su respuesta fue:

- Yo sé lo que quiero.

Él fue bautizado y sirvió a Dios en la iglesia por toda su vida, siendo su pastor durante medio siglo.

El ejemplo de la familia de Timoteo es un desafío a la responsabilidad de la familia como educadora, y al mismo tiempo, una invitación a aquellos que heredan la fe de sus padres. Timoteo tenía una fe no fingida. No era una fe para agradar a sus padres, sino una experiencia directamente alimentada por el corazón de Dios.

Nuestra fe tiene que ser reavivada. No podemos vivir de las experiencias del pasado, sino de experiencias vividas cada día. Necesitamos cuidar lo que nos fue confiado, pero perfeccionándolo, fortalecer y ampliar aquello que nos fue legado un día.

La familia es un lugar estratégico para que esto ocurra. Los padres deben recordar que la educación es palabras pero principalmente actitudes. Las dos se complementan. Un padre no puede pedir e su hijo que diga siempre la verdad y, al mismo tiempo, en otras circunstancias, pedirle que diga que no está cuando lo llaman al teléfono. Toda palabra anterior morirá en aquel momento. La actitud permanecerá viva.

En relación a nuestra familia, por lo tanto, el apóstol Pablo nos recomienda algunas actitudes, dos de ellas serán destacadas ahora. La primera es que debemos dar gracias a Dios por la familia que somos y tenemos. Debemos dar gracias a Dios por aquellos que somos como familia y pedir a Dios que nos ayude a llegar a donde nosotros queremos llegar. Muchas familias no crecen, porque no se lo piden a Dios y por qué no tiene el propósito de crecer.

La segunda es que debemos orar unos por los otros en familia. No sabemos nada sobre la familia de Pablo, pero el Apóstol Pablo adoptó la familia de Loida, Eunice y Timoteo como si fuera la suya:

- *Sin cesar me acuerdo de ti en mis oraciones noche y día.*

¿Usted, padre, ora por su hijo o hijos?

¿Usted, hijo, ora por sus padres?

¿Usted, ora por su hermano o hermanos?

Los hijos deben orar por sus padres, convencidos de que los problemas de los padres son problemas de los hijos así como los problemas de los hijos son problemas de los padres.

¿Y nosotros, oramos por nuestros hermanos en la familia? Debemos orar también por nuestros hermanos, porque sin esa actitud de gratitud y sin la oración nosotros no nos apropiaremos de las armas que el apóstol Pablo menciona en los versículos 6 y 7. Convertirnos en una familia mejor es una tarea de cada uno de nosotros. Mi familia es así porque mi padre es así. No. Mi familia es así porque yo soy así. Mi familia es así porque mis hijos son así. No. Mi familia es así porque yo soy así. Mi familia es así porque mi hermano es así. No. Mi familia es así porque yo soy así. Si queremos una familia mejor, partamos de donde estamos y oremos unos por los otros para apoderarnos de las armas de Dios en esta guerra que es volver a nuestra familia cada vez mejor.

Para cambiar

¿Cómo es su familia? ¿Se parece más a la de Jacob, a la de David o a la del hijo pródigo? ¿O se parece más a la de Timoteo?

De cualquier modo, recuerde que no existe la familia perfecta. Ni aún en la de Timoteo, no se habla del padre ni del abuelo. ¿Por qué? Tal vez no eran creyentes. Tal vez la madre de Timoteo haya quedado viuda temprano.

Tener en mente que no hay una familia perfecta es un buen comienzo y puede motivarlo a dar lo máximo para cambiar aquello que cree que debe ser cambiado en usted y en los otros. No se puede cruzar los brazos y aceptar las cosas como son. Cambie aquellas que pueden ser cambiadas. Aprenda a vivir con creatividad aquellas que no pueden ser cambiadas.

Dios tiene una misión para cada uno de los miembros de la familia, aunque a usted no le gusten algunas o mucha cosas en ellos. Nuestra oración debe ser que nuestra familia sea de hecho una bendición para todos sus familiares y para todos cuantos lo conocen, no porque sea perfecto, sino porque busca la perfección.

14
Comenzando de nuevo

Cuando nos casamos, constituyendo una nueva familia, tenemos muchos sueños para todos los miembros de esta nueva familia. Estos sueños, no obstante, no siempre van en la dirección que nos gustaría. Esto nos trae culpas y hasta un cierto complejo de inferioridad. El texto de Josué 24, especialmente el versículo 15, hace que nos sintamos pequeñitos. Algunos de nosotros, por más que queramos, no logramos servir, nosotros y nuestra familia, el Señor, como Josué prometió y cumplió (v.31). La experiencia de este texto es la experiencia del pueblo de Israel. La historia de este pueblo es la historia de una familia, desde Abraham. Sin embargo, podemos aplicar este texto a la experiencia de nuestras familias.

La validez de un compromiso

Lo primero es la centralización de la familia en la experiencia de la fe común de un pueblo. En todo momento, aparece el término "padres" en este sermón que Josué predicó al pueblo. El padre que aquí se nombra, tiene un sentido históricamente largo, para incluir a Abraham, Jacob, José, sus descendientes y también a los padres inmediatos de los que escuchaban al sucesor de Moisés. La consecuencia es que la vida en familia es de cierto modo grandemente responsable por la vida de la misma nación. Familias destrozadas generan naciones destrozadas. Frente a las idolatrías contemporáneas, vale la pena que nos comprometamos como se comprometió Josué: "¡yo y mi casa serviremos al Señor!" ¿Es esto posible? En cierto sentido, no. El respeto que cada miembro de la familia merece nos impide prometer que cualquiera de ellos servirá la Señor. En la comprensión moderna de la vida, cada uno es responsable por sus compromisos. Como ya vimos, la tarea de edificar la familia no es solo de dos cabezas (marido y mujer), sino que pertenece a cada uno de sus miembros. Es misión de cada uno convertir su hogar en un ambiente propicio para que todos sus integrantes lleguen a aceptar a Jesús Cristo como Señor y vivan según los valores de Dios. Hay muchos hijos de padres creyentes que no encuentran en casa un ambiente propicio para conocer a Jesús. Hay muchos hogares que se dicen llamar cristianos que tal vez sean el último lugar para que alguien pueda conocer a Dios.

Josué quería que su hogar fuera un espacio para servir al Señor y no a algún otro dios. No sé cómo va su familia, pero quiero insistirle a usted que no se rinda con ella, sea usted el padre, el hijo o el cónyuge. Esté donde esté, esté su familia como esté, prométale a Dios hoy que comenzará de nuevo.

Muchos han intentado, parejas en momentos de separación han comenzado de nuevo y ha dado resultado. Padres ha revisado sus métodos con relación a sus hijos y esposas, y han comenzado de nuevo, y ha dado resultado. Hijos han revisado sus prácticas y ha dado resultado. Haga un voto como Josué lo hizo: El de servir al Señor, que significa no seguir cualquier otro valor, tan solo intentar, servir al Señor, con todas sus fuerzas, con todo su corazón, con toda su entendimiento y con toda su mente.

Comenzando de nuevo

Si ese deseo vive en su corazón, esto no quiere decir que automáticamente todo en su mente se va a transformar, sino que habrá una disposición de su parte de servir al Señor y no a ningún dios que destruye a las familias. Nunca es tarde para comenzar.

No hay problemas sin solución. No hay hijo rebelde que no se convierta. No hay padre estúpido que no aprenda a amar a su hijo. No hay cónyuge adultero que no pueda comenzar a ser fiel.

Sin embargo, podemos hacer como Josué:

debemos desear que nuestra familia sirva al Señor;

debemos orar para que nuestra familia sirva la Señor;

debemos hacer lo que esté a nuestro alcance para que nuestra familia sirva al Señor;

debemos, nosotros mismos, servir al Señor con tal fidelidad y placer que nuestra familia también quiera servir al Señor.

Como Josué, nuestro compromiso debe ser:

No servir a otros dioses, solamente a Dios (v.2);

recordar las bendiciones recibidas como familia (v.3);

recordar el desierto (v.7) dar valor al fracaso, pues es este el que nos prepara para la victoria.

¿Cómo está su compromiso con Dios, con sus hijos, con su cónyuge?

¿Usted ha buscado, con su familia, servir al Señor ó ha seguido otros dioses (prosperidad, individualismo, irresponsabilidad)? ¿Usted ha buscado, como miembro de la familia, el bienestar de todos o solo el suyo (individualismo transformado en egoísmo)?

Esté en donde esté usted, haga un compromiso diferente con Dios hoy. Prométale a Él que va a comenzar de nuevo.

Muchos lo han intentado. Parejas en momentos de separación han intentado y comenzado de nuevo...

Padres han revisado sus métodos y han comenzado de nuevo. Hijos han revisado sus prácticas y han comenzado de nuevo.

Comenzar de nuevo

Si yo comenzara mi familia de nuevo ¿Que haría yo?

Traigo algunas posibilidades. Quería que usted elaborase las suyas. Anoté algunas.

Yo trataría de no ser como David, que dio prioridad al sexo y al poder y tuvo una familia en desgracia; no hay un ejemplo de una familia más destruida en la Biblia que la familia del primer gran rey de Israel. El eligió lo correcto, al escoger servir a Dios, que lo consideraba un hombre según su corazón, pero tomo el camino equivocado: En lugar de su familia, prefirió sexo y poder.

Yo me esforzaría por no ser como Salomón, que también dio prioridad al sexo. Sabemos cuántas mujeres él tenía y cuan idolatra se volvió, llevado por estas muchas mujeres. Como su padre David, tuvo una familia igualmente destrozada al punto de tener el reino dividido en norte y sur por culpa de su pecado.

Yo evitaría ser como Isaac, que dio prioridad a ser servido por sus hijos y también tuvo una familia dividida y resentida por su actitud. Yo no tendría tanta seguridad en el éxito de mis lecciones, especialmente en la relación con mi esposa y en la forma de educar a mis hijos. Tener mucha certidumbre ocasiona peleas. Cuando tenemos seguridad, estamos listos para enseñar, y cuando estamos todos listos para enseñar, no hay nadie dispuesto a aprender.

Yo no mentiría jamás, sino diría siempre la verdad. En donde hay mentira, no hay amor.

Yo leería más la Biblia tanto personalmente como en familia. Yo trataría de seguir sus consejos, por más difíciles que puedan parecer.

Yo no pasaría a la iglesia la tarea de la educación cristiana de mis hijos. Antes, yo haría todo lo que estuviera a mi alcance para que en mi iglesia la educación de mis hijos fuera de excelente calidad, la mejor posible, hasta mejor que en la escuela secular, pero aun así no transferiría a mi iglesia la tarea de educar a mis hijos.

Comenzando de nuevo

Yo haría de todo para que mi familia fuera un mundo, nunca una cúpula, nunca un lugar escondido, nunca un refugio secreto, sino un mundo con un lugar para cada uno de sus miembros. Yo daría más calor a mis familiares.

Nosotros, a veces, contamos con nuestros compañeros de escuela y del trabajo: ¡Como son de maravillosos!, ¡como son de útiles! ¡Como son de solidarios! Aunque eso fuera pura verdad, yo no los cambiaría de ningún modo por mis familiares; antes, buscaría darles a ellos el valor que se merecen.

Yo me divertiría más con mis hijos, pasaría más horas jugando, riendo, saltando, rodando, contando chistes. Frecuentemente, por ejemplo, me viene a la mente la imagen de mi padre intentando enseñarme a nadar. Aunque no lo haya logrado, yo me acuerdo con alegría de sus intentos. Mi incompetencia impidió que eso pasara, pero él lo intentó.

15
Un lugar para la felicidad

AMAR ES NECESARIO.

No hay duda de que la familia que sigue los principios éticos de Dios estará fuera de los patrones de nuestra sociedad, pero completamente dentro de los patrones de Dios. Entre más una familia vive según los patrones de Dios más se siente presionada, porque se va sintiendo aislada del mundo. Así como no existe una familia perfecta, tampoco existe un patrón de una vida familiar feliz. Cada una debe buscar su propia felicidad. De cualquier modo, una familia feliz es aquella en la que los padres y los hijos se sienten felices. Comprender esta realidad es la mitad del camino para una vida familiar feliz. Además de eso, como ya vimos en los estudios anteriores, la familia necesita empeñarse para ser un lugar agradable.

Estas son algunas metas que vale la pena buscar.

1. Los miembros de la familia deben intentar estar juntos. El compañerismo debe ser una meta de todos.

2. Los miembros de la familia deben buscar compartir sus alegrías y sus problemas. La alegría de uno es la alegría de todos. El sufrimiento de uno es la tristeza de todos.

3. Los miembros de la familia deben buscar momentos para alabar a Dios. Lo ideal es que todos sean reconocidos en la iglesia como una familia. Deben llegar juntos y salir juntos, en la medida de lo posible. Además de los cultos de la iglesia, la familia debe buscar sus propios momentos para reunirse y estudiar la Biblia, orar, jugar y conversar.

4. Los miembros de la familia deben estar interesados por el bienestar los unos de los otros. Más que compartir alegrías y tristezas, sueños y problemas, cada uno debe hacer lo que este a su alcance para que el otro (padre, madre o hermano) esté bien.

5. Los miembros de la familia deben empeñarse en ayudarse unos a los otros. En las tareas de la casa, no es justo dejar todo el trabajo a la madre o a la hermana mayor. En las tareas escolares, es justo ayudar a los que tienen algún tipo de dificultad. En las crisis, cada uno debe ser el hombro del otro, cada uno debe extender su mano para sacar al otro del hueco, cada uno debe colocar sus manos para recoger las lágrimas del otro.

El mapa para el camino

Para alcanzar las metas, el apóstol Pablo nos recuerda algunos principios en Romanos 12:9-21. Estos son resumen que con seguridad nos orientan con relación a la familia, aunque sus recomendaciones no sean solamente para la vida familiar.

Es necesario amar (v.9-11). En nuestras iglesias y en nuestras familias, no hay un verbo más conjugado que este: amar. La práctica, no obstante, continua siendo un desafío, pero en el día que dejemos, que desistamos de intentarlo dejaremos de ser cristianos.

El apóstol Pablo es directo:

Amar es ser sincero (v.9). No hay peor cosa que la hipocresía. No hay peor cosa que recibir un elogio de frente mientras somos insultados por la espalda. Amar de palabra es muy fácil. Por eso, muchas gente prefiere dedicar todo su amor a Dios... a quien no ven (1 Jn 5:20). Es muy difícil amar a aquellos a quienes conocemos, especialmente a los familiares con los cuales convivimos diariamente y a los cuales conocemos más que nadie. Es más fácil amar una máscara que una persona.

Amar es renunciar a sus derechos (v.10). En la familia, los mayores problemas son por esto. Todos quieren tener los mismos derechos: la carne del mismo tamaño, la misma mesada, juguetes y ropa del mismo precio. Familias que una vez estuvieron unidas se dividen después de la muerte de los padres por culpa de la herencia. Como pocos quieren renunciar a sus derechos, rara vez todos salen satisfechos. El resultado es: enemistad. La recomendación es que busquemos la satisfacción de nuestro prójimo. Si todos hicieran esto, todos terminarían felices.

Amar es estar unidos (v.13, 15). En la familia y fuera de ella, necesitamos aprender a considerar la tristeza del otro como si fuera nuestra, la alegría del otro es nuestra alegría (v.15). Necesitamos considerar las necesidades materiales (techo y alimentación) de los otros, es nuestro deber suplir sus necesidades como si fueran las nuestras (v.13). Esto es ser unánimes (v.16a). Esto es desear el bien común.

La humildad es una necesidad sublime (v.16b.) En la familia y fuera de ella, la ambición mata. El apóstol no está diciendo que no podemos tener sueños, proyectos y deseos. Debemos luchar para llegar a donde queremos. Sin embargo, esos deseos no pueden esclavizarnos, llevándonos, por ejemplo, a poner el pie en el cuello del otro... en nombre de nuestros ideales. El consejo es no ser sabio en nuestra propia opinión. Si hay algún tipo de inteligencia en nosotros, dejemos que los demás lo digan. Los hombres se matan por poder y dinero, hasta en las familias. Una de las noticias más comunes en estos últimos años ha sido hijos que matan a sus padres. En la mayoría de los casos la ambición apretó el gatillo. Es necesario luchar por la paz (v. 14,17-21). Parece una contradicción, pero debemos luchar para que haya paz. En la familia y fuera de ella, el principio de la paz es querer el bien hasta de aquellos que no quieren el bien para nosotros (v.14), por que amar a quienes nos aman no es ninguna cualidad (Mt 5:46). Ese amor es el fruto de un duro aprendizaje. En aquello que depende de nosotros debemos vivir en paz (v.18) con nuestros padres, nuestros hermanos, nuestros parientes, nuestros amigos y nuestros compañeros. El patrón general es "el que pega, paga" (v.17). En el fútbol, los actos violentos son retribuidos con acciones violentas. La justificación siempre es la misma: "nosotros también somos hombres"... Estupidez. Ser fuerte es ser capaz de dar de comer aquel que fue violento con usted (v.20,21). Colocar el otro lado de la cara (Mt 5:39) no es para cualquiera. Tomar represalias lo es. La verdadera religión, en la familia y fuera de ella, según la Biblia (v.12) es:

- alegrarse es celebrar la esperanza, esta es una actitud correcta que Dios inspira;
- tener paciencia es esperar por el apoyo divino, cuando las cosas estén difíciles;
- persistir en la oración, aunque Dios parezca demorarse en responder.

Vivir así exige atención y dedicación.

Colocando a Dios en el centro

La familia es el lugar que Dios proveyó para que sus hijos crezcan y encuentren la felicidad. En el matrimonio, marido y mujer se complementan como personas. En la familia, padres e hijos se unen para buscar la realización uno del otro. Es así que debe ser.

Después de toda esta información, tal vez usted concluya que necesita cambiar algunas cosas.

Usted sabe que cambiar es muy complicado porque es parte de aquello que somos hoy, de lo que pensamos acerca de las cosas y de las actitudes que tomamos cada día. Las cosas pasan muy rápidamente. Por eso, la mayoría de las decisiones que usted toma cada día ocurren en un abrir y cerrar de ojos. No tenemos tiempo para pensar.

Un lugar para la felicidad

Por esto, es absolutamente indispensable tener en mente que la tarea de edificar a la familia no pertenece al padre solamente. No solo se necesita que usted obedezca. La tarea de obedecer, en este caso a Dios, es tarea tanto de padres como de hijos. Sin embargo, ellos no cumplirán este deseo de Dios solos.

Nunca olvide que usted también es la familia y que, por lo tanto, deben cuidar de ella. Cuidando a su familia, usted estará cuidando de usted mismo.

Ahora que usted recordó los principios de Dios para su vida y su familia, vea como está usted. Vea cómo está su familia. Vea lo que necesita cambiar. Comience hoy. Puede demorarse, pero Dios lo creó a usted y a su familia para la felicidad. Si usted está feliz y su familia está feliz, Dios está feliz. Esta es la alabanza que a Él más le gusta. Para su inspiración en este camino, vea los consejos que el rey David dio al príncipe Salomón, cuando iba a sucederlo en el trono (1 Cr 22:6-19).

David tenía un plan: construir un templo para Dios. No obstante, Dios le dijo que tenía otros planes. David confió (v.6-10). Esta también debe ser la actitud de los padres con los hijos, pero también de los hijos en relación a los padres. Confíe en Dios en todos sus proyectos.

David perdió la oportunidad de entrar en la historia como el constructor de un templo. La tarea quedó para su hijo. Él se sintió igualmente feliz y oró por el éxito de su hijo (v.11-12). Esa debe ser nuestra actitud, con relación a los padres y a los hermanos. Deseen el bienestar los unos de los otros.

Salomón recibió la orden, pero tenía aún mucho por hacer. La principal obra sería la construcción del templo, pero habría otras tareas. Por eso el consejo del padre fue: "manos a la obra". En la familia, cada uno debe hacer su parte, para sí mismo y para la familia como un todo. Comprométase.

David le recomendó a su hijo que siguiera los consejos de la Palabra de Dios. Si decidiera actuar así, tendría éxito como persona y cómo político (v.13). Atienda las instrucciones divinas.

El mito de la familia perfecta

David no solo aconsejó a su hijo y no sólo quiso su bienestar; él arregló todo para que su hijo tuviera todo el éxito (v.14-16). Haga lo que esté a su alcance por el bien de los demás. David sabía que su hijo y sucesor era sabio, rico y poderoso. Nada de eso sería suficiente si él y su pueblo se olvidaban de Dios. El poeta pide entonces que ellos se dispongan a buscar a Dios en primer lugar. La construcción del templo era el símbolo de esta dedicación (v.17-19). Esta debe ser la actitud de todos en la familia. Los corazones de todos deben estar dirigidos a la búsqueda de Dios, el centro de la familia. Coloque a Dios en el centro.

Por esto, Josué advierte a sus oyentes para que no siguieran sus propios deseos, sino al Señor de Israel, como se manifiesta desde Abraham.

Epílogo en forma de monólogo

Yo, Jonatán, cuento mi historia como hijo, como está en el libro de Crónicas de los Reyes de Israel, más específicamente en el primer libro de Samuel, capítulo 14.

Mi padre casi me mató cuando yo derroté a los filisteos.

Yo cuento esta historia, porque quiero dejar bien claro que yo nunca desobedecí al quinto mandamiento, aquel que dice que debemos honrar a nuestros padres. Nunca me alejé de esta recomendación y no me arrepiento.

Yo tengo muchos conflictos con mi padre.

Nuestros principales conflictos son por culpa de nuestras perspectivas de vida. Mi padre es demasiado ambicioso. Él solo quiere poder y no mide los medios para alcanzar los fines.

En la historia de mi victoria, esto queda muy claro. Él quería vencer. Por eso, dio aquella orden absurda: de que nadie podía comer. Escuchen lo que está escrito en el primer libro de Samuel 14:24: *Cualquiera que coma pan antes de caer la noche, antes que haya tomado venganza de mis enemigos, sea maldito. Y nadie del pueblo había probado pan.* Mi padre quería vencer, sin importar que todo su ejército muriera. La ambición cegó a mi padre. Es claro que me gusta ser príncipe de Israel, pero no es eso lo que me hace feliz. Yo sé que le agrado al pueblo, pero este gusto tiene que ser natural, no impuesto. Mi padre usa el terror para conseguir lo que quiere.

La vida no es esto. Yo espero vivir para poder mostrar esta verdad a mi padre. Me siento muy triste que todo aquello que mi padre me enseñó cuando yo era niño, y que él aprendió con su abuelo. Él ahora lo olvidó. Mi padre está equivocado. Él no ve que Dios ya no lo quiere. Él podía obedecer a Dios, perder el reino y continuar fiel a Dios. El prefiere el reino en lugar de Dios. Esto es lamentable.

Nuestros conflictos son por falta de comunicación. ¿Ustedes creen que mi padre habla conmigo? Cuando éramos niños, sí. Quiero decir: él hablaba y las personas escuchaban. Cuando me convertí en adolescente, yo hacia cualquier cosa para conversar con mi padre, pero el solo tenía interés en su trabajo en el palacio.

Sé que la tarea es dura, siempre fue dura, pero yo soy su hijo. Espero que David no haga la misma cosa que mi padre. Él parece ser diferente. Él ya podría ser el rey de Israel, pero está esperando que esto ocurra, sin precipitarse.

En aquel episodio, cuando casi morí, yo no sabía que mi padre había prohibido al pueblo comer. Si yo supiera, habría obedecido. Parece que él solo me veía como un guerrero, nunca como un hijo.

Además, quiero decir, nunca más comí una miel tan buena. Si yo no hubiera comido aquella miel, creo que habría muerto. Moriría, pero obedecería a mi padre, si hubiera sabido.

Yo supe después, pero me callé. Tuve miedo de su reacción. Sé que hice mal: debía haberlo dicho rápido. Una cosa buena es que me enteré de que le agrado al pueblo. ¿No es bueno ser querido?

Ahora, hablando en serio: aprendí esto. Nosotros necesitamos comunicarnos más. Con mis hijos, quiero ser diferente. La

Epílogo en forma de monólogo

Disciplina es fundamental, pero el respeto también. El diálogo lo es todo. Por falta de comunicación, yo podría estar muerto, si el pueblo no me hubiera salvado y si Dios no estuviera conmigo.

Nuestros conflictos son también religiosos. En el fondo, mi padre no es alguien creyente. Leyendo el libro de Samuel (v.38), me enteré que él edificó su primer altar a Dios en el octavo año de su reinado. De hecho, no recuerdo sus sacrificios. En el fondo, mi padre es un legalista. Él hace todo al pie de la letra, cuando le interesa. No tiene un real interés en Dios, solo es apariencia. Él es estricto con las cosas religiosas, pero no confía en Dios, yo creo.

Cuando prohibió al pueblo comer sangre, el hizo lo correcto pero hizo esto para intimidar a las personas. Él usó la religión para lograr su objetivo, que era vencer en la guerra.

No me gusta esto de mi padre. Creo que la religión es una cosa seria y que no puedo usarla para mi propio beneficio, sino para servir y adorar a Dios.

A pesar de estas diferencias y de estos conflictos, quiero decir algunas cosas para ustedes hermanos: Nunca le mienta a su padre. Aprendí esto con dolor. En aquel episodio, yo podría haber contado rápidamente a mi padre lo que pasó. Al final, yo no sabía nada. La falla fue suya. Otras veces, yo hice mal al mentir a mi padre. Si yo no hubiera escondido mi amistad con David, las cosas serían diferentes. Mi padre no es fácil, pero yo lo compliqué todo. Puedo explicarlo: Fue el miedo lo que me hizo mentir, más y más mentiras y todo se volvió más difícil.

Y después, hay más, no vale la pena: nuestros padres siempre terminan descubriendo que estamos mintiendo. Yo espero que mis hijos no me mientan. Si ustedes están mintiendo, no lo hagan más.

Asuma la responsabilidad de sus elecciones. Otra cosa que aprendí es que debemos siempre asumir la responsabilidad de las decisiones tomadas, aún después de ver que son para siempre, asumí la responsabilidad de mis elecciones y de mis errores.

El mito de la familia perfecta

Yo decidí enfrentar a los filisteos y sin querer desobedecí a mis padre. Así mismo, yo me dispuse a pagar el precio de mi desobediencia involuntaria.

Las personas tienen que cargar con todas las consecuencias de nuestros actos. No puedo hacer lo que mejor me parece y después correr debajo de la falda de mi madre. Esto es algo de niños.

Honre siempre a su padre. Yo no sé cómo va a acabar esta locura de mi padre. Siento que tendré que pagar también. Es el precio de ser el hijo de un rey loco. No puedo simplemente hacer de cuenta que no soy hijo de Saúl. Soy y listo.

Lo soy y voy a honrar a mi padre hasta el fin. Dios no escribió el quinto mandamiento por si acaso.

Él sabía lo que estaba escribiendo.

Pretendo buscar siempre el bien de mi padre. Si él va a la guerra, yo voy con él.

Ahora, quiero decir algunas cosas para mi padre. Tal vez su locura no permita que él me oiga, pero aun así lo voy a decir. Padre, si, tu salud mental vuelve. Ayuda a tus hijos a tener perspectivas correctas acerca de la vida, basadas en la palabra de Dios. La ambición por la ambición, solo lleva a la destrucción. Los padres también se equivocan, pero nunca se equivoque, padre, en la construcción de una perspectiva de vida. No guié a su hijo a escoger una profesión solamente por el dinero. No guié a su hijo para ver solamente el hoy o la superficie. Ayúdelo a ver lejos, no solo el ahora.

Nunca les mienta a sus hijos. Nosotros vamos a descubrirlo tarde o temprano y vamos a quedar muy decepcionados. Lo peor es que la mentira nos puede agradar y llegaremos a hacer lo mismo. Si usted no quiere que nosotros mintamos, no mienta para nosotros. Un hijo mentiroso está mal, pero un padre mentiroso está muy mal.

Asuma la responsabilidad de sus elecciones también. Padre no esté buscando un chivo expiatorio para sus errores. Eso es una cosa de niños. Usted no tiene que dar en el blanco siempre.

Epílogo en forma de monólogo

Nosotros aceptamos eso. No coloque la culpa en otros, mucho menos en nosotros. Y tampoco venga a descargar su rabia encima de nosotros.

Haga todo para que haya dialogo. Olvide que usted es rey y venga a dialogar con sus hijos. Olvide su trabajo y venga a conversar con nosotros. Nosotros somos más importantes que el reino. No olvide conversar, aun cuando su hijo se rinda. Usted es más viejo que él y sabe que el dialogo lo es todo.

Diez autores que valen la pena

Sugiero algunos autores que merecen una leída. Algunos tienen ediciones más recientes.

CAMPOLO, Tony e Bart. O relacionamento entre pai e filho. "La relación entre padre e hijo". São Paulo: Vida, 1994.

Tony, el padre, y Bart, el hijo, intercambian cartas imaginarias evaluando la relación entre los dos.

CRABB, Larry. Como construir um casamento de verdade, "Como construir una matrimonio de verdad". Belo Horizonte: Betânia, 1995.

"Cuando decimos cualquier cosa con el objetivo de cambiar a nuestro interlocutor, sin un interés consciente por el bien de él, nuestras palabras son inútiles. Como no atienden a un propósito eterno, se deteriorarán" (p. 62).

DOBSON, James. Ouse disciplinar "Atrévase a disciplinar". São Paulo: Vida, 1995.

"Mientras que la ausencia de amor tiene un efecto previsible sobre los niños, algo que no es muy conocido es que el amor excesivo, o "súper amor", también tiene sus riesgos. Creo que ciertos niños han sido dañados por amor, o lo que se hace pasar por amor" p. 46).

DRESCHER, John M. Se eu começasse minha família de novo. "Si yo comenzara mi familia de nuevo". Campinas: Cristã Unida, 1996.

DRESCHER, John M. Em busca do amor no casamento. "En busca del amor en el matrimonio". Campinas: United Press, 1999.

"La así llamada incompatibilidad es un mito inventado por abogados que necesitan argumentos con el fin de pedir el divorcio. Es probablemente una disculpa común que las personas usan para esconder sus propios sentimientos. Yo simplemente no creo que ella exista. No hay incompatibilidad. Hay desacuerdos y errores, que por lo tanto, pueden corregirse, cuando hay voluntad para hacerlo. – Citando de Paul Tournier (p. 27).

HARLEY Jr, Willard F. Ela precisa. Ele deseja. "Ella necesita. Él desea". São Paulo: Candeia, 2001.
Un estudio sobre las características psicológicas del hombre y de la mujer.

MALDONADO, Maria Tereza. Vida em família. "Vida en familia". São Paulo: Saraiva, 1996.
MALDONADO, Maria Tereza. Casamento; término e reconstrução. "Matrimonio; término e reconstrucción". São Paulo: Saraiva, 1995.

"La construcción de una nueva unión hace la diferencia entre búsqueda y consolidación. En la búsqueda, siempre se imagina que el compañero siguiente será mejor y no se logra permanecer con nadie por mucho tiempo, en la medida en que rápidamente surge alguien más interesante, atrayente y promisorio. En la consolidación, el interés y el afecto se centran en el proceso de construir el vínculo cotidiano, enfrentando miedos y dificultades, recortando los bordes y haciendo la vida de dos para dos (p. 294).

TROBISCH, Walter. Amor, um sentimento a ser aprendido. "Amor, un sentimiento a ser aprendido" São Paulo: ABU, 1986.

El autor muestra que la felicidad es apenas una parte del amor – esto es lo que se debe aprender. El sufrimiento también pertenece al amor. Este es el ministerio del amor, su propia belleza y su propia carga.

STOTT, John. Grandes questões sobre sexo. "Grandes preguntas sobre sexo". São Paulo: Vinde, 1993.

"En el corazón de la condición homosexual existe una profunda soledad; la naturaleza humana esta hambrienta de amor mutuo, una búsqueda de identidad y un deseo de ser complementado. Si las personas homosexuales no pueden encontrar esto dentro de la "familia de la iglesia local", no hay más razón para continuar usando esta expresión. La alternativa no está entre el calor de la relación física del encuentro sexual y el sufrimiento del aislamiento en el frío. Hay una tercera cuestión, que es un ambiente cristiano de amor, comprensión, aceptación y apoyo (p. 202).

WARD, Ted. Os valores começam no lar. "Los valores comienzan en el hogar". Rio de Janeiro: Juerp, 1981.

"Un niño no es un pequeño cachorro que debe ser entrenado. Dios nos creó con una extraordinaria sensibilidad moral. No es necesario un esquema severo de recompensas y castigos para despertar tal consciencia moral"(p. 55).

ZAGURY, Tânia. Sem padecer no paraíso. "Sin padecer en el paraíso" Rio de Janeiro: Record, 1991.

ZAGURY, Tânia. Educar sem culpa. "Educar sin culpa" Rio de Janeiro: Record, 1993.
ZAGURY, Tânia. O adolescente por ele mesmo. "El adolescente por él mismo" Rio de Janeiro: Record, 1996
ZAGURY, Tânia. Encurtando a adolescência. "Acortando la adolescencia" Rio de Janeiro: Record, 1999.

"Amar a los hijos es darle la oportunidad de crecer, de ser personas de verdad, de pensar, de reflexionar, de realizarse. Entre más temprano, por lo tanto, los hagamos comprender que el DEBER y el PLACER deben caminar lado a lado, que no son excluyentes y que, aunque en algunos momentos tengan que elegir el DEBER, después más adelante tendrán PLACER, más rápido ellos madurarán" (p. 303).

Su opinión es
importante para nosotros.
Por favor envíe
sus comentarios
al correo electrónico
editorial@editorialhagnos.com

hagnos

Visite nuestra web: www.editorialhagnos.com

Esta obra fue
confeccionada con la
fuente Fairfield LT, 11.